NENA, ME LLAMO WALTER

De entre los escritores jóvenes, en pocos es tan perceptible la influencia de la literatura angloamericana como en Federico Patán. Influencia que, por supuesto, ha sabido asimilar y emplear para perseguir sus fines literarios personales y que se advierte, más que en sus temas, en la estructura de sus cuentos. Estos llegan a seguir como en el que da título al volumen, la línea del *thriller*. En ellos persiste la violencia, que enmarca y determina las relaciones humanas —especialmente el amor—, y que se transmite a la narración mediante cambios de escenario que se dan bruscamente —movimientos de transparencias en un proyector, reacomodos que semejan recomienzos, pasos a tientas en un lugar desconocido.

Este es, sobre todo, un libro de encuentros: en los puertos, en los cafés, en los jardines, en las fiestas. Gente solitaria que se descubre por un instante; que se sorprende afín a otra, pero en la que hay, inevitablemente, desfases. Encuentros que son, como en el *clisé* norteamericano, semejantes a los de trenes que se cruzan en la noche.

FEDERICO PATÁN

NENA,
ME LLAMO WALTER

letras mexicanas

FONDO DE CULTURA ECONÓMICA

Primera edición, 1985

D. R. © 1984, Fondo de Cultura Económica, S. A. de C. V.
Av. de la Universidad, 975; 03100 México, D. F.

ISBN   968-16-1674-X

Impreso en México

DEBER DE AMIGO

Grow old along with me! The best is yet to be...

ROBERT BROWNING

ERA, para mí, extraña. Extraña con la belleza de lo en sí bello, pero también con aquélla de lo desconocido. Desconocimiento engañoso, pues el alma sabe (o intuye) futuros encuentros, los anticipa una magia oculta inasible. No cabe afirmar ya haber estado aquí, tal vez en sueños. Mentira. Supe desde siempre que terminaría llegando. Más a una atmósfera que a un lugar fijo o predeterminado. Más a un estado de ánimo ideal que a este o aquel rumbo. Los rumbos son engañosos; no así los estados de ánimo. Todo temperamento busca su vestido (su disfraz, dirán algunos), incluso de piedra: calles empedradas y balcones de reja, parques íntimos y lejanas torres donde el tiempo olvida su nombre, deshecho como desciende en campanadas. Calma de origen arcaico, no demasiado herida por el hoy. Terminaría llegando.

Era, para mí, lo presentido. Algún momento del futuro me lo guardaba y ahora, víspera de pasado, me lo iba transformando en presente. Lo adiviné ¿cuándo? Difícil es precisarlo, pues la memoria no está hecha de tiempo. Quizás vine al conocimiento gracias a lentas proyecciones de mi adelantado inconsciente. O todo comenzó en el instante mismo de morirse Antonio. Tal vez no. Tal vez fue en aquella última plática, que entonces no sabíamos última.

Miraba, desde su cama de enfermo y a través de la ventana, un bosque de muros coronado de antenas, cuartos sin alegría y tinacos. Boca abajo, sobre la colcha y cerca de la mano, cualquier libro. "Pide algo a Violeta, si quieres beber." Negué con un gesto. Sus pálidos labios buscaron sonreírme: "¿Y cómo va el mundo? Pero no, no me interesa. La voy pasando bastante bien sin él." Sus dedos inseguros acariciaron, insensibles casi, la colcha, sobada ya de días. Del tocadiscos venía el bello Albinoni. "El adagio", informó disculpándose. Para Antonio "el adagio" bastaba. Sólo uno existía que mereciera calificativo aparte. Violeta nunca comprendió el afán de tantas repeticiones. Creo que incluso llegaron a discutir.

"Voy a morirme." No hubo melodrama. La voz era neutra, de una neutralidad seca y hasta grosera. "No, no; no me salgas con que el medicucho ése dijo esto o aquello. Él sabrá de enfermedades, pero yo sé de morirme." Fijo mi mirar con tan serena certeza, que me escudé bajando los ojos. "Lo ves", y parecía contento de tener la razón, "tú mismo lo sientes, pero prefieres no confesártelo. Igual con Violeta. Anda a mi alrededor moviendo sin necesidad las cosas, envolviéndome en optimismo. ¡Pobre mujer! Si supiera que nunca fui suyo completamente". ¿Lo es alguien de alguien? me pregunto hoy día. Un campanario próximo canta las ocho; en el patio, una fuente murmura incesante; el hotel conserva un deleitante silencio compuesto de rumores, el agua uno de ellos. Mañana saldré a la búsqueda. En el mientras, un vermut a la mano, recuerdo. Su voz de opaca, raspante y amistosa burla diciéndome: "No te muestres tan sorprendido. Lo supiste por años. ¿Piensas que existe el disimulo perfecto? Ella misma, en lo íntimo, algo sospecha. Ah, estas mujeres y su instinto. Pero ¿quién lo bastante decidido para confesarlo? Quizás los que vamos a morir. Es sano; eso de ignorar lo incierto, quiero decir. Se gana una felicidad. Mira ésta, la que yo tengo. Sí, hombre, he sido feliz; sólo ahora, en los últimos días, me ha

8

dado por interrogarme. Lúcido ejercicio, no recomendable a quienes gozan de futuro."

En ciertos momentos, nada como callar. Si la respuesta escapa, el silencio cubre los titubeos. Además, Antonio monologaba y cualquier intervención habría sido una impertinencia. Dejé que el silencio fungiera de puente. Aunque tal vez cobardía, sirvió para concederle más tiempo, un tiempo que parecía urgirle. Recordar esa escena aquí, en la penumbrosa calma de un hotel provinciano, es lúcido ejercicio, recomendable a quienes confían aún gozar de futuro. Antonio me acompaña. Necesariamente, puesto que vine por cumplir un deber de amigo. Viniendo, creo haberme encontrado. Extraños caminos éstos de la vida. Uno de ellos, en el que hoy me encuentro, surgió de la muerte.

"Una felicidad. Una. Con ello quiero decirte que existen muchas. O, quizás mejor, existe la posibilidad de muchas felicidades y se termina en una de ellas. Si eres listo, la aceptas y no vuelves a pensar en las otras. Gozas la vida, entonces, en una de sus vertientes. Como yo. Y la he gozado considerablemente. Pero morirse... pierdo inteligencia, pues he comenzado a interrogarme."

Es ya muy tarde. Escucho pasar una pareja (¿joven, madura, anciana?). La mujer ríe cristalinamente y un antiguo resquemor de envidia viene a mi insomnio. Esta habitación de hotel me queda grande y la rehúyo volviendo a las memorias: Antonio conoció a Violeta y al poco se casaron. Tuvo recuerdos que llevarse consigo adonde haya ido, incluso ese cielo en el que no creía. Envejecieron juntos, mirándose a veces con recelo o con dudas o con enojo, pero mirándose. Ella lo quiso demasiado. La dejé en el departamento vacío, perdida en un ayer dolorosamente cercano, de ecos sobrepuestos al diario deber de levantarse y entrar en lo cotidiano, sus negros ojos puestos en algún

9

abrigo interior, recóndito, inalcanzable para los otros. Antonio le sale al paso en demasiados rincones de la casa.

"Una de sus vertientes. Quizás la más bella de todas. Sin embargo, sé bien que hubo la posibilidad de otra, cuyo fracaso nunca he comprendido. Me vino a la cabeza hará unos días. Desde entonces le he estado dando vueltas. A ese fracaso, tan lejano ya."

Amanece y despierto, solo. Sigue el rumor de la fuente y un lejano gallo limpia de fantasmas el día. Alguien, sin saberlo, me espera. El pasado nunca muere del todo y en ocasiones llega a sorprendernos el acto olvidado por el que viene a nosotros, acucioso y grávido, juez sin proponérselo. Alguien me espera sin saberlo, atareada en los mil detalles de su vivir diario: el esposo y los niños tal vez, quizás el trabajo, la soltería llena de huecos donde poner esperas. Cumplido el aseo, salgo hacia el comedor, cruzando el patio donde está la fuente. Me siento, solo, a una mesa olorosa de pan y de mañana. Dejé a la puerta un buenos días intrascendente pero supongo que necesario. La mesera se acerca y ordeno. Pienso a veces, tonto de mí, que orden y soledad forman el deleite de mis desayunos. Una vertiente, que diría Antonio.

"Siempre somos uno y muchos. Uno que ha triunfado y muchos que se hundieron, aunque sin ahogarse. Aún patalean. ¿Nunca lo habías notado? Mírate: en ti ganó el soltero, pero un hombre casado y lleno de hijos flota por ahí, en algún lugar de tu mar interior. ¿Y si hubiera vencido el casado? ¿Qué me dices de esa vertiente? Bah, ¿por qué habrías de pensar en tales idioteces? Juegos de enfermo, para ir cerrando el día."

Violeta asomó la cabeza; preguntó si queríamos algo. No, contestamos con un gesto. Antes de retirarse me pidió no cansarlo demasiado. El médico, sabes. Al irse, le guiñó el ojo. Gesto sencillo, íntimo, de lenguaje secreto. Sentí un resquemor de envidia. Esta plática, razoné; peca de mórbida. Divagaciones de enfermo ocioso aplastado por la abundancia de horas; esa obsesión con la muerte que lo domina. "Es un encanto de mujer", le oí decir. Supuse que estaba equilibrando sus deudas emocionales, dándole la misma altura a sus varias vertientes. Pero sí, es un encanto de madre y una perfección de esposa.

La mañana se abría en calles soleadas, casas de piedra rosa y balcones enrejados. El cielo también era limpio y brillante, claro hasta doler los ojos. Respiré profundo, reconociéndome de aquella atmósfera. La escuela, me contestaron, estaba a unas diez calles y decidí andarlas. En el bolsillo derecho de la chaqueta llevaba el papel.

"La conocí en la universidad, casi nada más iniciados los cursos. Pronto andábamos juntos a todas horas y nos creían novios, aunque nosotros jamás hablamos de ello. Tenía el pelo castaño y los ojos avellana. Le brillaban siempre, llenos de picardía. A la vez, era demasiado seria. Quería volver a la provincia, ser maestra en su ciudad, ayudar a su gente. Hablamos mucho de aquello. Viéndola tan entusiasta, le hacía bromas, algunas pesadas. Celos intuitivos. Quizás presentía ya al enemigo. Nunca intentó ofenderse; nunca me permitió besarla. Tal vez nunca fui del todo real para ella: un simple amigo de la capital. Alguien con quien compartir el café y el cine."

Le dije que en su voz había amargura. Sonrió levemente al escucharme: "Por eso es mi otra vertiente."

Nos miramos durante un silencio, acaso cómplices en un nexo a medias comprendido. Abajo, lejana y difusa, Violeta cuidaba de los quehaceres cotidianos. En la ventana, un cielo gris sobre tinacos y azoteas.

"¿Me ayudarás?"

Le preguntó sabiendo de antemano la respuesta. Veinte años de amistad le permitían adivinar sin equivocarse.

11

Albinoni dio paso en aquel momento a un Amadeus Mozart serenísimo.

Era uno de tantos días imprevisiblemente festivos y no había clases. Cerca de la escuela una señora limpiaba a cubetazos la acera. Miró el papel con ojos torpes y dudó un momento. "Será la señorita Rosa. Es la única de ese apellido por aquí." Me dijo cómo llegar a la casa. En provincia no hay distancias insalvables a pie y decidí seguir mi paseo. Deber y paseo. Deber hacia el amigo muerto, y quizás por ello incluso más deber; paseo porque la calma medieval de aquellas calles sosegaba una inquietud imprecisa desde siempre (comprendí ahora) presente en mí. Creí posible verme en otras perspectivas y pensé, ¿equivocado?, que la capital no era mi centro. ¡Cuánto engaño entonces por tanto y tanto año!, me dije con un asomo de escándalo. Caminaba sereno y seguro, ajeno a la tibia, cortés curiosidad de los lentos transeúntes. Miré la numeración. Iba llegando.

"Edna. Recuerdo que se llamaba Edna."

"No es mucho."

"En un lugar tan pequeño", se encogió de hombros. "Además, por ahí, en una tarjeta postal, tengo el apellido."

Callamos. Serenísima, la música de Mozart continuaba. Violeta apareció en la puerta: "¿Te quedarás a comer?" Antonio esperaba desde lo profundo de su impaciencia contenida; medí la conveniencia y dije "No creo". Sonrió él con cierto placer equívoco y ella, ¿lo habré imaginado?, tuvo un gesto de levísima contrariedad. Se fue muy silenciosa y Antonio estuvo callado un tiempo prudente; pronto oímos abajo ruido de trastos.

"No esperarás mucho, ¿verdad?"

No, no esperé mucho. Mas lo poco esperado resultó demasiado. Hay desenlaces súbitos. La muerte de Antonio debería haberme liberado del compromiso, pues la prome-

12

sa carecía de sentido en el instante mismo de perder el amigo. Pero ¿hablar de sentido? Tal vez sucedió que la desaparición de Antonio, frustración repentina de tantos ayeres, dio un sentido nuevo a la ahora inane promesa de aquella mañana. "Bueno", dije. Tenía la tarjeta postal en la mano y sonrió con calma: "Toma, léela." Miré aquel trozo de cartulina mordido por el tiempo: las calles allí retratadas, de piedra rasa y balcones enrejados, de cielo limpio y brillante. Presentí encuentros imaginados en algunas noches de insomnio, y temblé por dentro presa de un miedo vago. Leí. Aquellas líneas apretadas hablaban de memorias gratas; percibí en ellas, oculto, un desencanto, una insinuación de algo no cumplido. Firmaba, con trazos seguros, Edna. Quise guardarla. "No. La necesito. Anota los datos en un papel y déjamela." Obedecí, decepcionado.

—No está —dijo la sirvienta—. Como no hay clases, fue a casa de una amiga a comer. Regresa ya por la tardecita. ¿No quiere dejarle algún recado?

No quise. Quitarle al encuentro la sorpresa le restaría encanto a la posibilidad de confirmar los ayeres de Antonio. Un largo trecho de día me quedaba por delante. Necesitaba empaparme de aquel ambiente y elegí el azar como guía. El azar puso en mi camino un lugar donde comer. Poco después, atardecía. Fui regresando sin prisas. Tal vez alguien, habiéndolo adivinado, me esperaba.

A Violeta la dejé con los negros ojos clavados en algún refugio interior. "Yo me encargo de ella", me dijo la hermana despidiéndome. Parte de un pasado demasiado presente, lastimaba quedándome. En casa busqué el papel y mis dedos estuvieron acariciándolo por un tiempo. Edna. Maestra. Calles soleadas. Rejas. Eché en la maleta algo de ropa y *Calle Mayor,* la lectura de aquel momento. No, no esperé mucho. Salí a cumplir un ya innecesario deber de amigo. Cuando la breve sirvienta volvió a abrir la puerta,

13

una vergüenza indefinible me hizo sentir ridículo. "Otras vertientes", pensé con un asomo de amargura.

—La señorita está en el parque, leyendo. Que la buscara usted allí, si volvía.

Dudé si ir, acosado por lo idiota del intento: a casi veinte años de distancia y a nombre de un muerto venir a remover escombros, buscando fantasmas. Caminé en dirección del parque, dejando un tanto a la suerte el resultado de mi empresa. Era ya tarde, pero aún temprano. El cielo se había suavizado en un azul menos hiriente. Los escasos transeúntes menguaban el paso, como hundidos en la calma que se iba creando. Un temblorcillo de brisa pasó entre los árboles verdísimos y altos, guardianes plácidos de aquellos rincones.

Una mujer leía a la sombra de una higuera, suavemente aceptada por la verde banca de hierro colado. El libro era muy pequeño y la mujer madura. Su pelo entrecano se deslizaba apretado hasta el moño de la nuca. Un levísimo temblor le movía la erguida mano derecha. Pensé irme. Deshacer aquella soledad benéfica parecíame un acto cruel por innecesario, y estuve a punto de apartarme. Tal vez sintiendo la impertinencia de mis titubeos, levantó el rostro: un calmo rostro hecho de resignaciones. Los ojos, avellanas líquidas, se posaron brevemente en mi semblante y cayeron al libro, sedientos de líneas donde escudarse. No llegaron a captarme. No tenían por qué captarme. Incluso ¿por qué habría de ser ella? Pero lo era; una seguridad venida de la sinrazón más grande llenó mi decisión y quise confirmarla. Violeta pasó por mi mente en un destello: su compungido rostro de niña fue un reproche. Aparté la imagen con firmeza y di unos pasos hacia la mujer que leía. Su perfil hablaba de silencios. Me detuve muy próximo a ella, observándola casi con impertinencia. Piel blanca y suave; pestañas largas. Un atardecer digno de envidia, pen-

14

sé, melancólico al observar la naturaleza de mis años. Y, observándola, dije en voz muy queda, tal vez empeñado aún en escapar del encuentro:

—¿Edna?

No pasó nada. No pareció estar pasando nada. Pero sus manos apretaron el libro. Pero su cabeza se fue volviendo lentamente. Pero sus ojos me miraron rogando que no la hiriera. Pero su voz, firme en la cautela, dijo:

—¿Edna? Pero... pero es que solamente...

—¿Puedo sentarme? Le explicaré todo.

Miró inquieta en rededor, como temerosa de alguna indiscreción. Luego, se apartó hacia un extremo del banco, dejando su frágil cuerpo un espacio excesivo para el mío. Me senté lejos de ella. Nos observamos en silencio, una mujer madura y un hombre ya no joven. Y un cielo en huida a la oscuridad primera.

—¿Por qué me ha llamado Edna?

—¿Por qué no habría de llamarla Edna?

—Es... es todo un pasado que, de pronto, surge ante mí. Sólo él...

Interrogándome con la mirada, estuvo aguardando a que yo completara la esperanza implícita en las dos últimas palabras. Con gesto de coquetería inconsciente acomodó un imaginario desarreglo del cabello, allí donde las canas se mezclaban a lo castaño con mayor fuerza. Cerró el libro y lo ocultó en su amplia bolsa de mano. Aún aguardaba. Pero no por mucho tiempo:

—¿Será él quien...?

—Él.

Una vaga sonrisa de júbilo le vino a los labios rojos y cálidos. Pero casi de inmediato algún presentimiento le veló los ojos y afirmó:

—Murió.

Asentí, sorprendido por la seguridad del tono. La mujer

trazaba con el índice figuras complicadas sobre la tela de la falda:

—Es curioso —dijo—, pero cuando supe por Jesusa del visitante, tuve el presentimiento de que era él —levantó la vista un instante, clavándomela en el rostro: una chica traviesa me miraba desde el fondo; una chica traviesa extraviada en alguna esquina de la vida. Volvió entonces a su juego con la falda—. Se llegan a tener esos presentimientos. Vine aquí porque él sabía de mis gustos, de mis hábitos. Si es él, pensé, adivinará dónde buscarme. Usted también sabía. ¿Se lo dijo él?

¿Cómo no mentir? Fue mi recompensa una nueva sonrisa, pálidamente feliz en aquella boca sin afeites, rejuvenecida en los recuerdos que se acumulaban con ímpetu creciente. Envidié de Antonio, en ocasiones, su vida de casado; envidiaba ahora la fidelidad oculta en el tono calmo de mi acompañante, acaso menos vieja de lo que en un principio creyera. Seguiré mintiendo, decidí; no valía la pena herirla inútilmente.

—Cuénteme de él.

Fue oscureciendo según le hablaba. Ella me oía muy atenta, rompiendo de vez en cuando, con alguna pregunta, mis memorias. Quise ser justo y acaso lo haya conseguido, aunque siempre incliné la narración en beneficio de quien me escuchaba. Tal vez, y simplemente, cumplía una inexpresada voluntad de Antonio; quizás, y simplemente, ocultaba con mis palabras anhelos sólo míos. La envidia, después de todo, inventa extrañas avenidas de tránsito. De pronto, mágicamente, la mujer estaba junto a mí, ofuscándome con su presencia tímida y cálida. Sentí su mano sobre la mía, breve y en breve contacto. La escuché decirme:

—Gracias. Fue un hermoso cuento y sé agradecer las intenciones. Eso que acaba de contarme pudo haber sido

16

mi vida; o tal vez aquélla situada entre la que quise y la que llevo. Pero me siento demasiado vieja para soportar sueños. Pesan muchísimo y me estropean el orden que he dado a mis días. No. Gracias, pero prefiero la sequedad de mis hábitos; algo de felicidad hay en ellos. Quizás debiera decir otra felicidad. Me quedaré aquí, tal y como hoy me ha encontrado usted. La señorita del pueblo.

Brilló en sus ojos una ironía amable, traviesa, que la libraba del sentimentalismo.

—Él no fue feliz.

—Difícilmente voy a creerlo. La felicidad es cuestión de hábito. A su edad, ya debiera usted saberlo. Créamelo, fue bastante feliz. Yo lo sé. Digamos, en todo caso, que nuestras felicidades no coincidieron. Algo de triste hay en ello; triste pero inevitable.

—Estoy aquí porque él quiso volver a cierto punto de su camino y mirar, sencillamente mirar, en la dirección no elegida.

—Se camina y se pone distancia. Según pasaba el tiempo, me fui perdiendo en el horizonte. Habría encontrado un camino vacío.

—Los caminos conservan sombras, ecos.

—No lo niego. Pero las sombras ¿de qué sirven? Tal vez al principio mismo... Porque esperé, esperé más de lo prudente, en oposición al consejo de mis padres. Nunca pude comprender (y ahora ya no quiero comprender) la razón de aquel silencio. No se casó de inmediato ¿verdad? Lo suponía. Quizás esperaba también a su lado del camino. Esas cosas suceden: que el silencio se vuelve orgullo. Y ya clavados en el orgullo... Esperé más de lo prudente y Luis cayó en el orgullo. Luis era mi otro camino, sabe. Nunca intenté volver a él. Sólo una vez se cruzan dos sendas, opino yo. Como ve, su viaje ha sido en balde.

—No lo creo.

—Yo sí.

—Permítame contradecirla: ocurre a veces que a los caminos se llega tarde.

—No sé si quiero entenderlo.

—Puedo callar.

—Por mí no. Adivino que será usted quien se hiera. Decida usted, por lo tanto. Mientras decide, encamíneme a casa. Comienzo a sentir frío.

Era ya muy oscuro. Tanto, que su cabello entrecano parecía negro. Caminamos lentamente, admirando yo la elasticidad con que aún se movía. Ella ¿esperaba la continuación de una plática nostálgica y quizás dolorosa? Sentí que en esas calles sombreadas de noche, donde una mujer crepuscular había despertado en mí una imagen enterrada, latía uno de mis posibles pasados. A veces, a los caminos llegamos tarde. No, el viaje no había sido en vano. Dejaba en la mujer la paz de lo inevitable, llevándome la tranquila inquietud de lo ya imposible. Violeta encontraría la excusa justa para visitarme, el método preciso para infiltrar ciertas preguntas. Pero aquello era el futuro: decidí dejarlo allí, en el mañana. Volví a mi presente de tentativas inútiles:

—Algo nos ha quedado de todo esto.

—A decir verdad, sí. Ahora sé que estuve viva. ¿Y usted?

—Que pude haber vivido. ¡Jamás entenderé por qué Antonio...!

—¡Cuánto encono! Recuerde, no estamos para entender, sino para aceptar. Amar basta.

—Eso dicen.

—Eso creo. Ya estamos aquí.

Allí estábamos, una mujer cansada y un hombre herido a futuro, incapaces de encontrar una despedida adecuada. Ella miró a lo largo de la calle:

—Pudimos habernos conocido antes.

—Eso quise decir allá, en el parque.

—Me pregunto qué habría ocurrido.

—Ahora, nunca lo sabremos.

—No. Nunca —rio suavemente y sentí un residuo de coquetería en aquella voz lejana—. Casi lo estamos engañando... A Antonio. Mire, mandé comprar pan y han preparado chocolate al estilo de la región. Preferiría que no aceptara.

—A decir verdad, el autobús me espera.

—Gracias, es mejor así. Ocultemos las respuestas y continuemos lo ya emprendido, o lo ya casi por terminar —hizo una pausa—. Quisiera besarlo en la mejilla.

—¿Boleto p'a la capital? Sólo en la corrida de medianoche.

Compré boleto y me puse a esperar en el banco más oculto de la terminal. A unos pasos, una pareja muy joven se despedía. Me negué a mirarla.

NO, NO CREO QUE HAYA
SUCEDIDO ASÍ

Vivir es una búsqueda sin encuentros.

LOPE DE MUSÓN

NEGRA, serena, silenciosa, la noche aguardaba. Cálida, sin viento alguno, poco a poco había ido creciendo en luces: amarillas, rojas, blancas y hasta varias azules. Como una extensión del momento mismo; como un crecimiento de anteriores memorias. El mar aguardaba, negro, sereno, silencioso. El mar iba creciendo en luces, cálido, sin movimiento casi. Algunos barcos en los lejanos muelles, meciéndose suave, muy suavemente, como súbitos fieles de algún rito sólo por ellos comprendido, como florecimientos verticales del tibio, paciente mar. Raíz ésta por todos aceptada; raíz de barcos y de recuerdos. Algunos —recuerdos— olvidados ya.

El malecón —extraño caso— se encontraba solo. En el malecón —usual suceso— me encontraba solo. ¿Las diez? Seguramente y acaso pasadas. Y ni asomo de sueño. Será otra de esas noches, amigas cada vez más frecuentes. Amigas que abusan de sus derechos y obligan al antídoto: leer hasta lo profundo del tiempo. Desde siempre han sido —las palabras— derrota de olvido. Acompañan aislando, engañadoramente gentiles; leo y en ocasiones escucho, fuera, pasar de voces. Dialogan vehementes, susurran, ríen. Me dicen de venturas ajenas y me ceden contactos brumosos con otros ámbitos. Se esfuman con demasiada prisa. La soledad —estoy en el hotel, he puesto el libro en el hueco de las piernas y contemplo abstraído la pared sin asideros

20

geográficos— es un aprendizaje lento. Quizás en ella haya logrado mis mejores letras. Y vuelvo a líneas recién leídas y ya casi en zona de olvido. Me dicen desde el libro compañero: *Somebody is dancing on our graves.* Sí, leer es un oficio traidor y los lejanos barcos plantean nuevas posibilidades, tal vez igualmente traidoras.

—Hermosos.

Las voces son otra lectura, otro oficio, engañoso demasiadas veces. Pero ¿habrá en quien no exista el impulso de aceptar riesgos? No aceptar riesgos, riesgo es ya peligroso. Así que. Allá, en el hotel, espera un libro. Me ha dicho: *It wasn't going to be just another bad day, it was going to be a terrible one.* Tal vez premonitorio, como casi todo lo que en mi mundo ocurre. Creo incondicionalmente en la suerte y en la necesidad de hacerla propiciatoria mediante gestos (por vergüenza ante los otros, secretos o furtivos). Contemplaba los barcos y me dijeron: "Hermosos." Oficio engañoso el de escuchar voces, como lo testimonian diversas cicatrices. Pero me vuelvo. Allí está. Habrá salido de la noche, pienso, que en ningún momento lo sentí llegar. Pero de inmediato (e interiormente) niego noción tan lerda. Melodrama. O, bien mirado, habrá salido de la noche mientras yo —hábito pertinaz— hablaba con mis líneas: *"He had been running in the darkness for a long time.* Me he vuelto y allí está. Viéndolo abstraído y no sabiendo ya si a mí se dirigía o hablaba solo, espero. Los barcos parecen tenerlo cautivo. Sus ojos —¿grises?— dialogan con aquel horizonte inasible y oscuro a fuerza de noche.

—Son verdaderamente hermosos.

Obvio. Mas ¿para qué asentir si no me mira? Él vive allí, en su extremo de la banca; yo aquí, en el mío. Suele vivirse así. Y en tal pensando, especulo: sesenta años, pequeño, frágil, pálido, tal vez no mexicano. Voz apretada por algún malestar en el pecho. *He brought his attention back to the interior* aseguraba aquel cuento dejado atrás. Aquel cuento ocurrido —¿podrá recurrirse al pasado?— en Ban Pua. Falso y cautivante nombre extranjero: mil caminos en apenas seis letras. ¿Qué caminos llevará a la mente de un nigeriano Quetzalcóatl? Dulces trampas son ésas. Dejémoslas estar. Vuelvo a la senda que en este día me encierra y pienso: en efecto, son hermosos. Viejos algunos y a punto de cementerio, son hermosos. Adivino paisajes en sus líneas; paisajes y tormentas y puertos. Soles hubo sobre sus cubiertas que en letras vimos. Adivino paisajes y cierta envidia corroe mis inmovilidades.

—Son hermosos, especialmente de noche.

¿Monologa? Lo cierto es que aún no me siento invitado a contestarle. Es de noche y, de noche, *the main hall was nothing but bad memories.* La luz cabeceaba. Dormir fue un punto y la alborada comenzó su industria, forzándome al día. Ninguna soledad gusta del día y el tiempo se dedica al juego ingrato de la espera. Llega la noche. Con ella, la soledad logra tranquilizarse en pasatiempos insoportablemente propios. Llega la noche y el malecón —extraño caso— está sin gente. Excepto por un hombre frágil y de ojos grises salido (¿por qué no?) de la noche. Un mirador de buques. Quien, finalmente, vuelve hacia mí la gris tranquilidad de sus ojos:

—Se parecen tanto a los otros.

—Yo, nunca tuve barcos en mi pasado. Ayeres de navegar por rutas fijas y paralelas, sí. Alma de tinta, podría afirmarse. Siempre en cadena, envidio el movimiento. Sucede entonces que la envidia es, pese a todo, un asomo de contacto y yo, a los buques, los envidio. Los imagino encerrados en sus amplios caminos, a la vez en cadenas y en posibilidad de imprevistos, y envidio la calma merecida de su actual reposo. Aunque, bien mirado, lo imprevisto puede tener los ojos grises.

22

—Siempre he amado los buques.

—¿Sí?

¿Sí?: un primer trazo en un primer mapa. Toda ruta tiene un principio modesto, que no rara vez suele frustrarse. Él ¿sí? Quiere, acaso lejanamente, explorar inicios. El hombre se ha vuelto —amoroso— hacia los buques. Lo pierdo en ellos por un instante, pues, frágil, se ha acurrucado en sí mismo, aunque no se haya movido. Tose. "Sí, desde niño." La voz, en exceso cansada. Este hombre y su voz han visto demasiado. "He andado muchos caminos", según recuerdo. De algún modo, la imagen traída a mientes por este verso se ajusta al mirar lleno de horizontes de aquel hombre frágil en sus ademanes e insistente en su tos. "¿Fue marino?", pregunto, cayendo probablemente en una asociación falsa. "Oh, no, imagine. Un viajecito de nada cuando joven. Pero el amor queda." Sucede con los primeros amores: quedan. *The old man was in stupor,* informaron aquellas líneas de anoche a cada momento menos útiles. Parece que nos hemos juntado un poco. Al menos, me parece que nos hemos juntado un poco. Tibia, la noche va penetrando en sí misma. Suicidio necesario, penetrar en sí mismo. El hombre carraspea con cierta dificultad. "Los pulmones", contesta a mi interrogante mirada. "Un frío mal curado." Caigo en pensar acerca del pasado y doy a la frase un sentido peculiar, muy mío, diciéndome cuán cierto es que ciertos fríos nos dejan en el peligro. "Quizás convenga irse", sugiero.

—Oh, no, aún no. Salgo esta noche para la capital. Quiero ver barcos hasta el último instante posible. Es un vicio. Un vicio inofensivo.

Se ha encogido de hombros, como disculpándose. ¿Por qué disculparse?, me pregunto. Ver barcos es un bello oficio. Hasta poético. El alma se crece en sueños y se vuelve a la realidad con menos angustia. Bello vicio. Bello

23

vicio, en verdad, el de ver barcos. Y así se lo digo. Su rostro, cansado de edad, gana juventud sin perder años y el hombre me palmea un muslo: "Es usted un buen chico."

A child was crying in the next apartment. Sacudo las palabras, que caen (seguramente rotas) en algún basurero mental. El hombre ha retirado la mano y siento cómo la tibia presión va desapareciendo del muslo. Acaso se haya asustado de su gesto, pues aparta de mí los grises ojos. ¿Por qué asustarse? Tal vez la misma razón que en mí funciona: la falta de hábito. Extraños mecanismos los del hombre, que a veces rehúye lo que más ansía. Me lastima la reacción aquella, pues ya parecían rotos los... Como comprendiéndolo, agrega sin mirarme:

—De vez en cuando, los viejos necesitamos alguna mentirilla.

—No mentí. Ver barcos es un bello oficio.

—Ahuyenta la soledad.

Cierto optimista dijo "de mis soledades vengo". Para suerte de todos, siguen existiendo optimistas. Incluso quien me habla parece serlo, pequeño, frágil y solitario como se lo ve. Siento una cálida compasión por aquel viejo y el impulso de darle algún cariño. Extraña palabra ésta de cariño. Que no viene al caso, me confieso, pues apenas llevamos hablados tres minutos. Mas por otra parte, ¿qué vela tendrá el tiempo en este...? Si quiero, quiero. Le pregunto si habrá de partir pronto.

—Demasiado pronto. Siempre se parte demasiado pronto.

Estoy de acuerdo. Constantemente me acosa la manera en que la gente parte. Un mago en medio del escenario no desaparece objetos con mayor rapidez. Si él lo hace en un abrir y cerrar de ojos, a nosotros con el cerrar nos basta. Y eso que no conocemos la prisa, "ni aun en los días de fiesta". Una buena relación acepta sin reparo los silencios, puesto que no la hieren. El silencio surgido tras su res-

24

puesta no nos hiere. Luego, el viejo pregunta la hora de mi partida.

—No lo sé. Pienso quedarme mientras dura el dinero. Varios días más, espero.

—La suerte de ser joven.

—Suerte, sí. Pero se va acabando con el tiempo.

Me gustan los rostros que sonríen cuando el sonreír los ilumina. Sin darnos cuenta, hemos quedado juntos en el banco. El calor de su proximidad me es agradable. Muy agradable. Incluso algo de nostalgia hay en la sensación, nostalgia que viene a reforzar el placer. Habiéndome hablado el viejo de ahuyentar la soledad, le pregunto si se encuentra solo por aquí. "Y por allá", me contesta, invitándome con ello a otra pregunta. La espera; siento claramente que la espera. Y su callada insistencia se me vuelve un deber sencillo de cumplir: "¿Sin familia, entonces?"

—Una prima en España. Vine a causa de la Guerra Civil. Y aquí... no tuve suerte. Ni en los trabajos ni con las mujeres.

—Suele suceder.

—Supongo.

Claro, el *supongo* suena amargo. Por otro lado, ¿qué clase de respuesta es la mía: Suele suceder? Que suceda, pero no a mí. Contrito, le digo entonces cuán solo me encuentro yo mismo —por qué, ya habrá modo de contarlo alguna otra vez— y esta confesión sirve de puente. Su voz reencuentra la tibieza: "Lo que más siento es el hijo que pude haber tenido." Me mira con cierto aire de posible posesión. Aire grato, pues nadie, jamás, ha querido tenerme. Exagero, desde luego. Es lógico darse importancia manipulando las pequeñas desgracias que nos componen. Lo cotidiano —incluso tratándose de pequeñas desgracias— carece de la altura necesaria. Siempre agregamos jamás o nunca o nadie. O siempre, como en lo atrás escrito. Se

25

crece con base en esos apoyos. La verdad, sí me he criado solo. Pero ello no representa un dolor continuo sorda y empecinadamente cobijado en la conciencia. Si hasta sonrío muy a menudo, y entre los amigos tengo fama de alegrar las reuniones. Tal vez represente un dolor continuo sordamente cobijado en lo inconsciente. Dejémoslo allí. No caigamos en el egoísmo de estas masturbaciones emotivas. Dejémoslo allí y volvamos al viejo. Le digo entonces cuán solo me encuentro yo mismo. "¿Tanto así, tan joven?", comenta con cierta frialdad. ¿Sentirá acaso que le estoy arrebatando el escenario? Insisto en franquearme:

—He vivido con mi madre. De mi padre nada sabemos. Un día, se fue.

—Suele suceder.

—Supongo.

Claro, el supongo suena (pese a todo) amargo. A veces —quizás el ocio me lleva a ello— pienso en mi padre y el pensar me duele. ¿Qué tipo de hombre habrá sido? Difícil pregunta, probablemente sin respuesta. ¿Y por qué su huida? Ni mi madre, pienso yo, lo sabe de cierto. Tiene sus sospechas, pero prefiere no menearlas, quizás para evitar herirse. De niño, ¿guiado por ella?, me dediqué al odio contra él: una especie de obligación sentimental. Luego, todo me fue indiferente. Ahora, en ocasiones, me asalta una mera curiosidad. Pasan por la calle hombres y de alguno digo: ése, tal vez ése. Y cuento al viejo esto último.

—Perdone la sonrisa —pide—. Ha sido la coincidencia, pues ciertos días ocurre que veo a un muchacho y me digo: como ése, como ése pudo haber sido. Son días en que bebo. No mucho. Apenas lo suficiente para no seguir con el juego. Simplemente para llegar al lunes. Y el lunes... mañana es lunes. Mañana trabajo ya. Es más fácil, cuando se trabaja.

—Están los barcos.

26

—Sí. Una, dos veces al año.

Yo, soy hombre de puerto. Él parece anhelar caminos. Como si al andar atrás fueran quedando problemas. Falso espejismo. Pueden navegarse cien mares y atracarse en cien riberas y los fantasmas seguirnos, fieles. Puerto y mar son dos maneras de engaño, pienso. Lejos, en algún punto a nuestras espaldas, una torre da la hora. El viejo se estremece, tal vez sorprendido. Mira el reloj y dice:

—Ah, el tiempo... Las once ya. Es hora de irse, porque el autobús... Caray, me doy cuenta ahora de que siempre ha sucedido lo mismo. Siempre parece estarme esperando un autobús. En mis prisas, hasta algunos equivocados habré tomado.

Y de pronto, como si encontrara sumamente divertido aquello, ríe, hasta que la risa se le termina en un fuerte golpe de tos. ¿La hora ya?, me digo, reacio a disociarme de aquel diálogo, por alguna razón oscura necesario. Renuente a dejarlo ir, propongo un café. Se niega con un gesto y murmura que los autobuses no esperan y que las citas se cumplen. En realidad, está mirando al mar con un ansia transida de nostalgias y yo, en ese momento, nada cuento. Y sólo cuando aquel rito de adiós parece cumplido, vuelve sus ojos grises hacia mí.

—De veras, de veras lo siento mucho. He disfrutado grandemente nuestra plática. Pero la vida impone obligaciones y mañana es lunes.

Eso lo comprendo bien. Yo mismo tengo muchos lunes aguardándome en el futuro. Me levanto y le digo "Vamos, lo acompaño a la terminal". Asiente en silencio y en silencio se levanta, como si sólo hubiera estado esperando aquella propuesta. Me sorprende lo escaso de su estatura y lo frágil de su fragilidad. Incluso miedo siento de verlo tan mínimo contra el mundo. Mas él, ajeno a mis preocupaciones, observa los lejanos barcos. Luego dice: "Pasemos al hotel por mi maleta." Quiero animarlo y afirmo que pronto volverá a sus buques. Acaso, agrego, hasta volvamos a encontrarnos. Sacude la cabeza:

—A mis años, cualquier momento puede ser el último de cualquier cosa. Ah, mire, en aquél se han apagado algunas luces. Quedan las de situación. Como si se dispusiera al descanso. Nada tan hermoso como los barcos, pienso. Excepto, tal vez, tener un hijo. Pero yo no puedo comparar.

Echa a caminar. Lo sigo. Caminaba lento, la cabeza hacia el piso, como obligado por la leve curvatura de la espalda. Hay posturas que informan y ésta me despertó ternura. Pero suelo negarme el placer de expresar mis estados de ánimo —los hábitos son terribles— y guardé silencio. A fin de cuentas, un silencio más que agregar a tantos ya acumulados. Llegamos al hotel unidos por una plática cordial pero vacía. Recogió su maleta, igual de pequeña que él. Pagó la cuenta, de tres días. Salimos a la noche, ya muy negra. Tuvo un escalofrío. "Qué raro, comentó, con el calor que hace." Sí, raro. Insistí en llevarle la maleta. La terminal estaba a unas diez calles. Se empeñó en andarlas, "por meterme dentro más de este aire. Aire de buques." Y allí fuimos, a lento caminar, él contándome de sus días y escuchándolo yo con enorme gusto. Nadie le había ocurrido de extraordinario, pero la felicidad puede estar hecha de los sucesos más nimios. Si ponemos la felicidad en el futuro, nunca habremos de tenerla. Eso, al menos, he ido aprendiendo. Pero ya estamos de nuevo con los nunca y con los siempre. Y ya estamos en la terminal. Dejamos la maleta en manos de un empleado. El viejo echó un vistazo al reloj de la pared. Casi las doce. "Me disgusta que nos separemos", dije sin saber por qué. "La vida también está hecha de separaciones", me contesta, haciendo a la vez un llamado a un vendedor de chicles. "Quisiera acompañarlo." Está eligiendo unas cajitas de chicles. "Pa-

28

ra los oídos, sabe. Cuando voy en autobús... ¿Acompañarme? ¿Y los días de playa que le quedan? Las vacaciones terminan demasiado pronto, disfrútelas. Ya llegará el momento de partir. Además no estaba en la conveniencia de adelantar viajes." Da al vendedor un billete de cincuenta pesos y el niño afirma no tener cambio. El viejo devuelve la mercancía y el vendedor se aleja. Meto la mano en el bolsillo y saco varias monedas. Tomo dos de cinco pesos y se las doy al viejo, pese a sus protestas:

—En estos viajes, dos monedas siempre son indispensables.

—Pero es que...

—Digamos que es una superstición que tengo.

Se encoge de hombros y toma el dinero. El altavoz anuncia la salida del autobús. El viejo se inquieta. ¿Cómo despedirse? Ninguna despedida es nunca lo bastante adecuada. Así, nos miramos en silencio y luego nos estrechamos la mano. Firmemente. El viejo entra a los andenes por la salida y me quedo solo. Alguien tiene encendido un radio y Serrat canta para todos, queramos oírlo o no: "...laboran, pasan y sueñan, y en un día como tantos..."

—¿Taxi, jefecito?

No, contesta mi gesto. La noche me permite irme alejando en silencio y en paz.

REBECA

"Pero si es perfecta", insistía Luis, exagerando los gestos. El otro lo refutaba con una sonrisa de burla, no logrando con ello sino exasperar todavía más al nada sobrio huésped de aquella reunión. Juan, que entraba a la casa tarde, como siempre, para cualquier cosa excepto beber, compadeció al hombre de la sonrisa burlona: en voluntad de empecinamiento, incluso en los errores, nadie superaba a Luis. Evitó cuidadosamente acercarse a la pareja; notando que Luis lo miraba, le envió un saludo con la mano, que el otro contestó sin perder en demasía la lógica de su trabajoso discurso, a estas alturas incomprensible para un recién llegado. El tema, casi seguro, mujeres. Y a juzgar por las curvas que trazaba en el aire, una muy terrenal, muy llena de "materia prima", según expresión preferida de Luis. Su oyente, sin sonrisa ya, comenzaba a buscar por los alrededores quien lo rescatara. Juan apartó la vista.

Juan apartó la vista y deambuló por la pieza atestada de gente. Quería un lugar donde sentarse a salvo de conversaciones aburridas y preguntas circunstanciales. "Y tú ¿para qué vienes?", le increpó Luis tiempo atrás, en un momento de lucidez. "Casi no bebes, no hablas, nunca te llevas una muchacha. Te juro que no te entiendo." Para quitárselo de encima, contestó: "Estoy a la espera de un milagro que me prometieron." Luego, a solas ya, volvió a lo dicho por Luis, y no supo darse una razón convincente, excepto aquella de no tener nada mejor que hacer. Como hoy,

30

justamente. Entre una noche ante la televisión y una posibilidad de sorpresa, cualquier sorpresa, preferible la reunión en casa del jamás sorpresivo Luis. Alguien le había puesto un vaso en la mano. Probó: una cuba disminuida en coca-cola. Siguió moviéndose en medio de parejas y pies, reconociendo aquí un rostro y creyendo reconocer allá otro; apartando la vista si alguno le sonreía. Así vino a dar con la escalera, por la que no había tránsito ninguno. Era una costumbre antiquísima en él sentarse allí (o en otras escaleras) y desde allí, a medio camino entre la penumbra y la luz, observar la fiesta con ojos neutros, simplemente absorbiendo escenas sin comentarlas; si acaso, las llevaba a casa, para recrearlas a solas y aplicarles cierta dosis de ironía. Su diario secreto, según decía. Dio un sorbo al tibio brebaje. Alguien soltó una carcajada excesiva y hubo subrayados mordientes, veladamente obscenos. Luis había perdido su oidor y vagaba, la mirada turbia, a la busca de otro. Probablemente fueran cerca de las doce.

Pronto surgiría la pregunta. Eterna y sin respuesta; gastada pero inevitable. ¿Qué hago aquí? La misma de cuando en casa. Al principio la dejaba estar; luego, poco a poco lo ofendía la persistencia de aquella sombra y terminaba por lanzarse a la calle; en ocasiones, la pregunta no lo seguía. Dio un sorbo al tibio brebaje. Pronto surgiría, pues los síntomas se acumulaban. Alguien estaba a su lado, sentado junto a él. No lo había visto subir, y decidió que vino de la planta alta sin él sentirlo. Brillante deducción, pensó burlándose de su perspicacia. Pasó a una segunda deducción: aquel alguien deseaba iniciar una plática. Ahora bien, ¿quería él iniciarla? Quizás. El resultado pudiera ser la decepción acostumbrada, pero por otro lado. Estuvo un largo rato sin volver la cara; cuando lo hizo, los ojos azules aún lo esperaban.

"Estaba por irme." La voz era grave y dulce, con un

31

dejo extraño; quizás gente del Norte. Lo miraba sin timidez, pero también manteniendo una cierta distancia, una cierta frialdad negada a medias por algún destello de aquellos mismos ojos azules. "¿Como la Cenicienta?" Sonriendo, extendió ella las dos piernas: "Todavía no pierdo ninguno de mis zapatos." Imitó él un gesto de frustración: "Lástima. Me priva del placer de la búsqueda." Levantó ella el vaso que tenía en la mano: "A eso llamo yo un buen piropo. Brindemos." Levantó Juan el suyo y los dos cristales sonaron levemente. Bebieron un sorbo. "No estaría del todo mal conocerse. Rebeca." Le tendió una mano fina y, al tacto, fría. "Juan." Vestía la joven un traje sastre azul medio, de falda recta; bajo la chaquetilla una blusa blanca, espuma casi el fino encaje de las orillas. Un pez tropical (¿oro?) sobre el seno izquierdo. "Un regalo." Tal vez se engañara, pero Juan creyó sentir en aquellas dos palabras un asomo de burla, un apenas asomo. ¿Me habré excedido en mi fijeza? Para disimularse, preguntó: "¿Qué?" El tono de burla fue claro ahora: "El pez." Mas sonreía, y hasta una especie de acicate hubo en la burla y en la sonrisa. "¿De un amigo?" Ella miró el vaso que tenía asido entre las dos manos; los restos de hielo daban al líquido una apariencia de irrealidad: "Yo no tengo amigos." El acento era de tristeza sin duda, pero contenida por una voluntad de no descubrirse. "De la familia, en un cumpleaños", insistió él. Levantó la vista al contestarle: "Yo no tengo edad." ¿Había vuelto el asomo de burla? "Envidiable condición", dijo, satisfecho de así conducir la plática a terrenos más ligeros. Ella lo había ayudado con aquella broma sobre la edad. "Ni edad ni amigos. En ocasiones, un estado perfecto." Rebeca sacudió la negra cabellera, como si alejando algún pensamiento impertinente: "Los primeros tiempos, sí. Luego, se quisiera un cambio." La reunión parecía haber quedado al margen, convertida en un mero

32

murmullo borroso en el transfondo del diálogo. Cierto ambiente de cordialidad comenzaba a cimentarse entre ellos. Hasta el silencio ahora surgido sabía bien.

"Déjeme preguntarle una cosa: ¿Es usted curioso?" Extraña vía para seguir la conversación, pero en fin: "No más de lo necesario. ¿Por qué?" Se encogió ella de hombros: "Llega muy tarde a la fiesta, se sienta solo en la penumbra, observa a la gente... Peculiar comportamiento." Él mismo lo pensaba así, pero no quiso aceptarlo con tanta facilidad: "Culpa de la gente, que tiene una naturaleza... curiosa." Lo miró ella como pesando la justeza de aquel comentario: "¿Tan criminal es lo desusado?" Ahora fue él quien la miró asombrado: "Nadie habló de rarezas." Hubo una pausa; cierta incomodidad había penetrado en la plática, y ella tardó en responder: "No, en realidad no."

Los diversos ruidos de la fiesta parecieron aumentar en intensidad. Una chica reía inconteniblemente, beoda casi, mientras a su lado un hombre ya maduro quería tranquilizarla. "Pero esas manos..." tartamudeaba ella con un tono de enojo que la risa interrumpía sin cesar. Nadie les prestaba atención. Luis apareció de pronto en el arranque de la escalera, increíblemente sobrio para haber bebido tanto. Clavó los ojos en Rebeca, y esos ojos fueron adquiriendo a grandes pasos una especie de hambre: "Ajajá, ya veo por qué andas escondido. Un verdadero bombón." Y besó en racimo los dedos de su mano derecha. Rebeca y Juan no supieron qué decirle, y el otro agregó: "¿La quieres guardar en secreto, para ti solo? Preséntamela." Juan mostró cierta sorpresa: "¿No la conoces?" Sonrió Luis con profunda bobera, sin quitar la vista de la muchacha: "¿Conocerla? No. ¿Por qué habría de conocerla?" Ella intervino entonces, acaso presurosa: "Me llamo Rebeca." En Luis se alertó entonces el espíritu cazador, y dijo con zorruna intención: "Así que no vino contigo ¿eh?" Y pare-

33

cía, sin haberse movido, estar más cerca de Rebeca. La chica buscó arrimarse a Juan. Luis se llevó a la nariz el índice derecho: "A un profundo misterio me huele aquí. Rebeca, eres un misterio." Rio ella, pero incómoda o tal vez insegura. "Rebeca, eres un misterio y quiero desentrañarlo. Te voy a acompañar a casa." La muchacha miró a Juan, claramente pidiéndole ayuda. Él titubeaba, y fue entonces ella quien se decidió a responder: "Me encantaría, pero Juan prometió cuidarme."

Luis perdió de inmediato el interés: "Conozco, conozco bien mi decimoprimer mandamiento..." Y desapareció en la un tanto menos densa multitud de invitados. Rebeca, que lo miraba irse, se volvió hacia Juan y le puso una mano sobre el brazo izquierdo: "Perdón por la mentira, pero de otro modo habría insistido en acompañarme." Juan estaba molesto de no haber salido al paso de Luis y dijo, como para borrar esa molestia: "¿Perdón? ¿Pero es que no se acuerda? Sí prometí acompañarla."

Así, la noche húmeda los envolvió en su oscuridad. Salieron sin problema alguno; varias personas se despidieron de Juan. La chica de la risa inacabable lloraba ahora, sentada en un taburete, la cara entre las manos. El hombre maduro la observaba perplejo. Nadie les prestaba atención. Afuera, todo era silencio y reposo. Juan enlazó suavemente el brazo de Rebeca, como si siempre hubieran hecho lo mismo. "Vivo muy cerca. Podemos ir caminando." Él asintió con un gesto. Anduvieron sin hablar por un trecho. El rostro de ella era de una blancura perfecta y los ojos (culpa de la noche acaso) inexpresivos. Viéndola tan callada, Juan sintió la urgencia de penetrar en el círculo de alejamiento que de súbito la rodeaba. Dijo entonces: "Curiosas las cosas que inventan los borrachos." Tardó en responder. Lo hizo con voz opaca: "Sí. Tienen ideas extrañas." Casi no hablaron ya. Al poco tiempo, llegaron frente a un edifi-

34

cio bastante alto. "Aquí vivo, en el siete." Él aspiró profundamente por la nariz: "Tu casa huele a dinero." Ella le dio un beso ligero y meramente cordial en la mejilla: "Dinero o no, puedes venir a visitarme, si quieres." La vio abrir la puerta de cristal: "Rebeca la del misterio." Ella, casi por cerrar la entrada, contestó, juguetona: "Que nunca debes indagar."

Paredes, alfombra, cortinas. Juan pasó la mano por el sofá: "Veo que te gusta lo azul." Ella terminaba de preparar el café en la cocina; desde allí respondió: "Oh, es temporal. El año pasado lo tenía todo en crema." Se escuchaba un ligero sonar de loza. "¿Practicando algún oficio? ¿Decoración tal vez?" Venía ya hacia la sala: "Ah, Juan el curioso nuevamente. No cejas ¿eh?" Puso la bandeja sobre la mesita de la sala. Él miraba en la cafetera las imprecisables manchas de los dibujos: "Es que conozco tan poco..." Sonreía ella, aunque no con su espontaneidad habitual: "Grande es tu suerte entonces." Tomó él la taza que le ofrecían: "En realidad, sí. Tuve siempre miedo de saber demasiado. Te complicas mucho la vida." Ella lo miró casi temerosa: "Cuando te vi sentado allí, en aquella escalera..." La animó a seguir: "¿Qué sucedió?" Sacudió la cabeza en un gesto negativo: "No, nada; nada importante." Bebía Juan el café sin prestarle atención al sabor. Ella parecía hundirse en una de sus constantes huidas del presente, y él quiso impedir el largo silencio que eso significaba: "Vistes siempre colores que te disfrazan la piel", dijo, pero el comentario tuvo una consecuencia imprevista. Sumamente ruborizada, Rebeca contestó casi violenta: "Otra vez la curiosidad, otra vez las preguntas, otra vez lo mismo de siempre." Se paseaba agitada por la sala, mirando a la alfombra. "Pero vamos, no es para tanto." Se detuvo y puso en él unos ojos como perdidos; poco a poco

35

lo enfocaron. Hubo una pausa y "Tienes toda la razón" confesó finalmente. Ya estaba junto a él: "Bésame." Fue su primer beso y fue un beso violento a causa del ansia mutua y, en la mujer, de la entrega. Juan llegó a desconcertarse ante la urgencia del contacto, pero Rebeca lo terminaba ya y apoyaba el rostro en el pecho del hombre. Él le acarició la nuca por encima del pelo: "Eres un poco extraña, sabes." El cuello se tensó bajo la mano: "Todos me tratan con reserva. Siento a veces que me tocarían por ver si soy cierta." Le murmuró él al oído: "Es tu lejanía." Se apartaron, tal vez turbados por el giro de la plática. "¿Mi lejanía? Estoy siempre aquí." ¿Cómo decirle, sin lastimarla, que no era cuestión del cuerpo? Si la amara ya lo bastante, podría hacérselo ver con cierta facilidad; pero hallándose (al menos él) todavía en un terreno de inseguridad respecto a los sentimientos propios ¿cómo? ¿Y lo intuyó Rebeca? Porque dijo: "¿O no?" Forzado a una respuesta, buscó la más tangencial: "Muchas veces miras a ninguna parte, como si escucharas una voz sólo a ti dirigida. Una voz secreta. Te pones al margen, que es una forma de inexistencia. Si quisieras decirme..." Vino a él y volvió a besarlo, pero con cierta frialdad, como pagando de antemano un favor: "Juan, lo prometiste."

"Por el pelo, te llamaría italiana." Caminaban calle abajo, seguidos por una luna completa que parecía estar jugando a no tocar los techos. "¿Te gusta la luna, Juan?" Miró él brevemente el blanco disco, que nada le decía: "No especialmente." Volvían de un cine cercano, donde en colores sin realidad ninguna se había contado una historia de amores supuestamente real. Rebeca se conmovió más de lo esperado, y Juan hizo burla suave de aquella reacción. "Es que amar..." explicó ella para disculparse. Casi seguro de quererla, replicó él que amar era un estado delicioso. "Pero difícil." ¿Difícil? No lo entendía así: amar es amar. "Es difícil estar segura. Hay tantos aspectos... El mundo no ayuda; no cree en lo intangible." A Juan se le escapaba el significado de aquellas sutilezas: "¿Por qué no amas y te olvidas de todo lo demás?" Se detuvo ella y miró en rededor, como midiendo la presencia de muros y ventanas y puertas: "¡Qué noche! Parece un acuario inmenso." Él la tomó del brazo, obligándola así a caminar. Comenzaba a sentirse el rigor de un vientecillo. "Y tú eres un pececito tropical. Anda y terminamos de llegar a casa, holandesita." Ella dijo entonces: "Italiana, holandesita, pez tropical. ¿Me llamarás algún día mexicana?" Próximo ya, se veía el edificio; el vientecillo arreciaba hasta comenzar a ser molesto. "Cuando terminen los misterios." El viento les apretaba la ropa contra el cuerpo. "Juan, no hay misterio ninguno. Porque sea tímida respecto a un pasado que me duele, no me inventes tonterías. ¿No estoy aquí, junto a ti, real?" Llegaban al edificio justo a tiempo, ya que el viento crecía en exceso. "Tus ojos, gracias a la luna, tienen hebras de plata." Rebeca buscaba las llaves en su bolsa: "Ah, pero has aprendido. Hace un mes eras incapaz de decir algo así." Allí estaban, por fin, las llaves. "Nunca vistes de rojo, ¿por qué?" Un gesto como de ofensa le vino al rostro, y contestó con voz donde había el asomo de una advertencia: "Juan." Él tomó las llaves y se acercó a la puerta, para abrirla: "Únicamente de noche salimos." Introdujo la llave: "No tienes amigos." Se escuchó el ruido de la cerradura: "En realidad, no te conozco." Ella tomó las llaves y las puso en el bolso. Tenía la vista baja. Él seguía, como si preso de un mandato interno: "Nunca hablas de ti misma." Le dijo ella: "Ahora tenemos que despedirnos", y parecía haber entristecido, "porque es ya demasiado tarde." Estaba a punto de entrar al edificio. "Claro, claro, pero antes dime... ¿de dónde llegaste a mi vida?" La

37

puerta se iba cerrando y acabó de cerrarse con las dos últimas palabras de Rebeca: "Adiós, Juan." La vio caminar hacia el ascensor; la puerta de vidrio, llena de reflejos venidos de la calle, creaba la ilusión de que el interior del edificio era un inmenso acuario o tal vez el mismo mar. Cuando Juan abandonó el resguardo de la puerta, el viento lo cegó con su fuerza.

NENA, ME LLAMO WALTER

The hopes and fears of all the years are met in
thee tonight.

PHILLIPS BROOKS

LUNES o viernes, carece de importancia, pues son iguales al
miércoles, que en nada se diferencia del jueves. Si acaso,
el grado de cansancio (y de hastío) es mayor el viernes,
siendo ventaja de éste que allí termina mi semana laboral.
Lleno sábados y domingos de un cansancio (y, ¿por qué
no?, de un hastío) propio de tales ocasiones. Visto bien
(no lo pienso yo solo) y como a capricho. Cuando el cuer-
po lo pide, un telefonazo me trae la compañía que yo
decido. Hoy, martes de San Lucas, llego a casa con bella
precisión. En mi cabeza termino de planear la velada: un
baño de tina, el agua muy caliente (el duchazo de la maña-
na no cuenta, es demasiado funcional), el pijama rojo, tipo
japonés; las zapatillas, el sillón, un trago y el periódico
(que preferiría leer en la cama, antes de levantarme). Poco
después, cerca de las ocho, un emparedado de atún, un
racimo de uvas y un tazón de cocoa caliente. Luego...
luego mi colección de películas, casi todas de los treinta y
los cuarenta, con alguna muy selecta de los cincuenta.
Repaso mentalmente, regodeándome, la lista ya larga de
mis adquisiciones, sabiendo que a lo largo del día vine
eligiendo cuál voy a repetir, aunque disimule ahora estar
decidiéndome. Mañana, cuatro casos por resolver en la
oficina. Pero mañana está al otro extremo del mundo, en
un ámbito irreal.

Llego con precisión a casa. Mi jefe ama la exactitud y yo

la precisión. Sabemos llevarnos. Incluso no nos desagrada comer juntos en ocasiones. Tal vez su gordura extrema sea mi único pero a su compañía, pues no tiene finura para enfrentarse a un buen platillo. Pienso que todos los sabores le resultan iguales. Nos unen mucho, sin embargo, la exactitud y la precisión. La oficina suele ponernos aparte, como si perteneciéramos a un equipo especial. Ha prometido invitarme a cenar en su casa, lo cual terminaría por enajenarme de mis colegas y subordinados. Al parecer, el obstáculo está en la esposa, que rehúye siempre las reuniones sociales. Quienes la conocen dicen que es una belleza. Sacudo la cabeza, incrédulo, mientras el auto baja la rampa y entramos al estacionamiento subterráneo del edificio donde vivo. Lo encarrilo con lentitud extrema, y lo dejo perfectamente centrado en el cajón correspondiente. Mi vecino ha llegado ya. Desciendo del auto cuidando no golpear mi puerta. Miro su carro: se le ven ciertas huellas, aún mínimas, de descuido. El mío, impecable, me llena de satisfacción.

Compruebo que la puerta haya quedado cerrada. El paraguas y la cartera en la izquierda, me voy.

Son siete pisos y el ascensor pequeño: seis personas o 420 kilos, informa una plaquita. Los números se van encendiendo según subo: el tercer piso, el cuarto, el quinto y el sexto, el séptimo y... Vuelve a ocurrir. Alguien de los pisos superiors llama el elevador antes de yo salir y me veo arrastrado hasta quién sabe qué alturas. Luego estaré obligado a volver a mi nivel usual, sintiéndome definitivamente idiota a causa de ese incidente desordenador y tratando de sonreírle al provocador de la falla. Se disculpará, diciéndose apenado; responderé que no tiene importancia, cuando en realidad me molestan mucho tales sucesos, para algunos nimiedades. Debieran darse dos o tres veces por semana y volverse una rutina saludable; pero así, surgidos

40

al azar... El ascensor se detiene y la puerta se abre del centro hacia los extremos.

Desde luego, está sentada ante la mesita de la sala. Sugerente, el vestido color espliego resalta contra el rojo oscuro, casi vino, del sofá. Me mira, mujer de porcelana en un ámbito de volutas y rincones excesivos. Ojos profundamente negros y prometedores, en ese momento con un controlado fulgor de enojo en el centro. Divina, pienso, sintiéndome orgulloso de ser la causa de aquella ira. Sus labios, finos hasta la delgadez, aprietan una sonrisa severa. Lejano, un reloj anuncia el cuarto y yo verifico en el mío la gravedad de mi tardanza. Tenemos siempre tan pocas oportunidades. Ella inclina ligeramente la erguida cabeza, como tratando de escuchar mejor los suaves toques, y se las arregla para hacer del breve y elegante movimiento una acusación. El negro pelo destella un punto cuando la cabeza vuelve a su enhiesta postura. "El tránsito", murmuro para ella. Sobre la mesita espera el servicio de té. "Está por llegar", me recuerda con voz recogida en un frío reproche. "No sabes cuánto lo lamento", le digo en verdad molesto de haber llegado tarde. "Además, me entretuvo más de lo acostumbrado, como si sospechara..." Me calla con un gesto apenas esbozado: no le gusta hablar de la situación. ¿Pensará acaso que el silencio nos la va a resolver? Con otro gesto indica que esta vez (castigo al fin) debo sentarme frente a ella. Lo hago, ocupando la mitad delantera del sillón, los pies bien asentados sobre la silenciosa y mullida alfombra. Su mano (larga, blanca, fina) ase plato y taza; la mano derecha, igualmente inigualable, sirve el té. Con la pinza toma un terrón de azúcar: "¿Siempre dos?" Sonríe: "Dos todo el tiempo." Me tiende la taza y nuestros dedos se rozan. El momento, breve, es algo más que lo brevemente necesario, y la sonrisa reaparece en los labios finos, un tanto menos contenida, un tanto más la creada por mí.

41

Se escucha a la entrada una llave. El rostro se le endurece de desilusión, y siento dentro de mí una amarga punzada de odio contra el que llega. Apenas en un murmullo, asegura: "Mañana vendrás temprano." Pasos. Contesto que aún no lo sé, pues él maneja todo lo de la oficina. Un leve gesto de inconsciente desprecio antecede la entrada de César: se abre la puerta y aparece rotundo, frotándose con calma las manos regordetas y manicuradas. Nos mira como interrogando, como queriendo captar en el silencioso aire un no sé qué. "Ah, llegaste ya." Ahora sus ojos grises sólo en mí están posados. "Sí. Tuve tránsito fluido." Rehúyo, al contestar, los otros ojos. "¿Trajiste los documentos?" Ella se mira las blancas manos puestas en el regazo. "Sí, aquí los tengo." César oprime un beso circunstancial en la mejilla de la esposa. "¿Problemas?" Se sienta de golpe al lado de ella; un temblor imperceptible pasa por las blancas manos. "Ninguno. Aceptó en seguida." Levanta la tapa de la tetera mientras dice: "Bien, muy bien." La mira entonces con un dejo de burla: "¿Té, querida?" Va hasta la cantina y comienza a prepararse un whisky. Sus profundos ojos negros no dejan la alfombra. Me acerco a la ventana y trato de adivinar el jardín a través de los visillos. Oigo caer el licor sobre los cubos de hielo.

Cándido es, realmente, la única persona de la oficina con quien puedo llevarme. Somos muy distintos. Tanto, que en esa diferencia encuentro la razón verdadera de nuestra amistad. Cuando el trabajo abunda, comemos por el rumbo. Allí cerca conocemos un restaurante donde los mariscos algo tienen que decir. Él me mira y se queja medio en broma: "¡Otra vez lo mismo!" Luego llama a la esposa, se disculpa y salimos, enorme él en su traje gris óxford y casi menudo yo, por comparación, en la delgadez de mi bléizer. Sentados uno frente al otro, hablamos de nimiedades. Come con gula, y en viéndolo confirmo que los gordos nunca serán elegantes. La grasa convierte en arrugas la ropa. Vuelvo, un tanto injustamente asqueado, a mis camarones. Pienso en Leonarda, tan sumamente frágil y sonrío al imaginarlos juntos el sábado por la noche. "¿Qué te pasa a ti?", pregunta Cándido. "Nada, recordé una tontería." Se lanza entonces de nuevo sobre su filete sol.

Leonarda casó con Cándido hace ya diez años. Tienen dos hijos. Fui testigo de la boda y los llevé en mi auto al aeropuerto. Cándido (las copas y el momento) estaba encendido, y procuré en lo posible no utilizar el espejo retrovisor. Las cosas se calmaron en la sala de espera. Los dejé solos pronto; Leonarda evitaba verme a los ojos. Regresaron a los pocos días y hábito se hizo el que los visitara semanalmente. Cándido y Leonarda (los hijos) me llamaron siempre tío. Leonarda (la madre) en ocasiones suspende un momento lo que está haciendo y dice, como al acaso: "Curioso que nunca te hayas casado." No, nunca: mi departamento (mi vida) conservan un orden infinito. Sé dónde encontrar cada objeto, y cada objeto sabe dónde estoy en cada ocasión. Después de todo, eso es una especie de matrimonio, recapacito. Miro en rededor y suspiro interiormente (quizás sea envidia) ante la barahúnda de mis sobrinos y la dispersión de ropas infantiles y juguetes visible en las habitaciones. "No, nunca", le contesto. "Pero habrás tenido muchas aventuras." Medito: "Algunas, pero no las suficientes." Podría haber agregado que a veces sueño y, otras, me pregunto si he soñado. No siempre es fácil separar ámbitos.

En la izquierda el gruyere y en la derecha el camembert, dudo. Ambos me atraen en igual medida, y los dos podría comprar sin apuro alguno, mas quiero imponerme el ejercicio de la elección. "Yo diría que el camembert." Me vuelvo. Sus ojos, profundamente negros, me miran con chispazos de burla. "Para mí, siempre el camembert", agre-

43

ga. "Ah, pero en ocasiones un gruyere maduro..." Toma
de mi mano el camembert y lo pone en su carrito, que
desborda con bolsas de fruta, de verdura; hay en él cajas
de galleta, jabón en polvo, detergente, jabón en barra; veo
hojuelas de maíz, harina, pasta para sopa; por los intersti-
cios, latas de conserva, un whisky barato, una lata de té ne-
gro. El camembert reina ahora en la cima de aquella congestión
semanal de compras. Comienzo a empujar el carrito. Ella lo
permite. Nuestras manos se rozan sobre la barra, tal vez
casualmente. Tarda un poco en retirar la suya. Camina a
mi lado por el estrecho pasillo, y en ocasiones se aprieta
ligeramente contra mí, para darles paso a otras personas.
Sonríe muy suavemente con sus finos labios: "Qué casua-
lidad, habernos encontrado así." Acomodo un paquete que
parece a punto de caer: "Sé muy bien que los sábados
vienes al súper." Su rostro, generalmente un tanto adusto
o cansado, se reposa: "Sé que lo sabes." Hay bastantes
carritos en todas las cajas, y la espera se convierte en mi
cómplice. "Te has hecho un nuevo peinado." Lleva la mano
al cabello, allí donde éste se vuelve sobre sí mismo a la
altura del lóbulo: "Lo copié de un anuncio. ¿Te gusta?"
Asiento con el gesto y luego le digo: "Me gusta. Te rejuve-
nece." La veo sonrojarse y, sin duda para disimular, toma
una revista del estante cercano y la hojea: "¿En serio
atraen a los hombres estos cuerpos?" Miro el suyo, cubier-
to por un sencillo vestido azul pálido, de manga corta: "No
a todos." Deja la revista donde la revista cae; avanzamos
un carrito y es nuestro turno. Comenta: "Menos mal.
¿Qué haríamos, si no, las amas de casa? ¿Sólo cuidar ni-
ños?" El cerillo comienza a empacar. Le pido que ponga el
camembert en bolsa aparte. Quiero entonces pagárselo y
ella se opone: "Siempre le estás dando cosas a los niños."
Salimos al estacionamiento, el cerillo detrás. Mientras el
muchachillo pasa los bultos a la cajuela, vemos a César

44

salir de la peluquería. Viene con ese eterno casquete corto que tanto le ofende el gusto a ella. Nos descubre y levanta la mano en saludo. Luego echa a caminar con prisa en dirección a nosotros; los gordos, pienso, mientras lo observo, no debieran caminar con prisa. También ella lo mira, el rostro demasiado neutro y cruzada de brazos. "Me dijo esta mañana que quiere llevarse los niños al cine y a cenar luego. Parece que estarán fuera toda la tarde." Tiene inexpresivos los profundos ojos negros. Finalmente llega, resollando.

Cándido rebota en un sillón y cae en mis brazos. Leonarda, ocupada en poner la mesa, lo regaña. Le digo que su hijo no me molesta. Digo bien, pues aunque mi pantalón muestra ya la huella de un pisotón accidental, gozo la inquieta actividad de los dos pequeños. Ellos, a su vez, gozan mi paciente calma, tan rara de encontrar en sus padres. Claro, yo los veo cada siete días. Cuando Cándido (el padre) entra con el pan, corren a recibirlo alharaquientos, compitiendo por llegar primero. Él sonríe, enormemente satisfecho de aquella amplia bienvenida. Creo envidiarlo. Pero luego pienso que, al lado de tanto caos, mi departamento es un verdadero refugio. En ocasiones invito a Leonarda y Cándido; les doy siempre una cena exquisita y me deleitan sus exclamaciones ante ciertos platillos. Siento, pese a todo, que se van convencidos de tener ellos la razón. Nunca les dije nada, mas intuyen que es mejor venir sin niños. "Sólo hubo teleras", anuncia. Leonarda, en ruta hacia la cocina, contesta que no importa, que está bien. Media hora más tarde, los niños ante la televisión, los mayores cenamos. "Ah, espagueti", exclama alborozado, frotándose las manos regordetas. Feliz, ella comienza a servir y, como en todas las ocasiones anteriores, no deja de asombrarme el cuidado con que lo atiende, con que escucha sus nimiedades; ese cuidado inconsciente tan amoroso. Hoy, me informo, le toca a la Dietrich. Mientras como la pasta sustanciosa y participo en la plática, cruzan mi mente nombres cuya sustancia asimismo satisface hambres íntimas. Von Sternberg, decido.

El pantalón de dril por debajo de la enorme barriga, César viene cruzando el patio de la vecindad. *Free sex,* anuncia la distendida pláyera. Lo vemos desde la azotea, ocultos por los tinacos. "Buenas, doña Lupita", lo oímos decir con su voz entorpecida de alcohol. "Buenas", le contestan. "Tengo que irme", murmura temerosa, los profundos ojos negros puestos en el caminar inseguro del esposo. "Espérate", ordeno, el tono áspero de enojo, deseo y frustración. Hace un intento de zafarse. Tengo la mano en su cintura y la oprimo fieramente contra la pared descascarada. Estamos tras los tinacos, junto a los cuartos de azotea, en un rincón oscuro y estrecho. La presión de la mano hace que el vestido suba ligeramente por encima de las toscas rodillas. Siento en las piernas el tirón de la ropa, de ese vestido azul, floreado, tan luido de tiempo y de uso. Viéndole la urgencia de irse, gime en mí el impulso de lastimarla, para indicarle cuánto me hiere aquella urgencia, y termino asiéndole con dureza un pecho, pecho joven de mujer cansada. Ella esconde el gesto de dolor tras una sonrisa, casi mueca, de sus delgados labios, y pone la mano ajada sobre la mía. Me besa llenándome la boca de promesas. Hay abandono y confianza en su caricia. Los ojos negros me miran desde lo profundo de sus miedos. "Por favor", ruega. Avergonzado, libero su carne. Se aleja de mí corriendo. Sus pasos resuenan en la escalera de hierro. Escucho la voz, insegura y prepotente: "A ver, mocosa, ¿dónde está su madre?" Un llanto de niña. Estoy solo.

Marlene, la divina, duerme ya. Solo en medio de mi sala silenciosa, contemplo los objetos que la llenan atenidos a un ensamble cuidadoso. He aquí mis años. La inmovilidad total del ámbito, de la noche, fracasa en serenar un ambiguo resquemor amontonado minuto a minuto. La cena terminó en una de esas pláticas fofas inexplicablemente satisfactorias. Como a la diez, besos de los niños que se retiraban. Alargué, llevado por alguna razón oscura, la charla. Ellos, civilizados, hacían lo suficiente para mantenerla viva; de vez en cuando los sorprendí mirándose con picardía. Avergonzado, me despedí poco después. Camino un poco, no pude menos que imaginarlos juntos, pero sin que la imagen provocara sonrisa alguna. Envidia de hoja de parra tal vez. Pienso en tanta cita concertada por teléfono, cuyo desarrollo predigo en el momento mismo de colgar la bocina. Nunca el milagro de un algo diferente. Desde el sillón paso la vista por libreros, anaqueles y cuadros: en ellos quise expresarme. La sala está en penumbra; sólo una lámpara he encendido. Detengo los ojos en la abigarrada serpiente de mis discos: Albéniz-Zarzuela. Faltábame la Z, y no encontré músico ninguno con el apellido adecuado (hoy sé de un tal Domenico Zipoli, cuya obra desconozco), y resolví el problema comprándome una antología del género chico. Me placen mucho los comentarios de admiración de algunas visitas; ignoran que no paso de escuchar cinco o seis compositores, con excursiones ocasionales a otros cinco más. El resto... y de pronto estoy ante los discos, y los tomo de uno en uno, y los lanzo vigorosamente sin dirección precisa; caen sobre los muebles, pegan en las paredes, rebotan en los libreros, se deslizan bajo la mesa, siempre con un golpe sordo de tono distinto, según el impacto. Brota una risa entrecortada, sube de volumen, llega a carcajada y alguien muy lejano da puñetazos en uno de los muros divisorios y escucho protestas y los discos se han agotado. Miro en torno: un campo de batalla lleno de manchas coloridas. Respiro con fuerza. Aguardo. Luego, los recojo de uno en uno y los vuelvo a su estante, pero

47

colocándolos allí según vienen a mis manos, liberados de todo orden alfabético. He ahí, una vez más, la abigarrada serpiente de mis discos: mañana sacaré al azar uno de ellos, y lo oiré sea el que sea. Respiro muy tranquilo ya. Voy hasta la ventana y aparto levemente la cortina.

La noche penetra por la reducida rendija y aclara un punto la negrura del cuarto. Miro con suma cautela: allí está, lo adivino casi entre las sombras de la esquina. Se me escapa un gruñido de impaciencia. Dejo caer la cortina y vuelve, densa, la oscuridad. "Olvídalo." Cálida, un tanto gruesa, la voz llega desde la cama invisible. Miro en esa dirección: "Un día ya..." El rojo extremo de su cigarrillo crece un instante: "Lo sé." Callamos. La oigo acomodarse sobre la colcha arrugada. La roja pupila de su cigarrillo traza un arco en el aire y queda inmóvil en algún lugar del piso: "Ven aquí." Obedezco. "Siéntate." Lo hago en la orilla misma de la cama. Profundamente cansado, apoyo los codos sobre las rodillas y abato la cabeza. Siento su, en ese momento apacible, reconfortante olor de hembra. Su mano derecha, áspera, me acaricia la nuca. Siento el duro frío de la pulsera que le regalé días antes. Suave, suavemente, la mano acaricia. La voz, fatigada de tensiones, dice: "Pobres leones que fuimos." Capto, de súbito, un cambio en aquel aroma apacible. Suave, suavemente, la mano se hace invitadora. "Un día ya, aquí empantanados, por culpa de ese..." La mano acentúa su presencia, y un apetito de unión me viene al cuerpo. Levanto el rostro e intento ver, en vano, sus profundos ojos negros. Adivino que sus delgados labios sonríen tranquilizadores. Su olor de hembra se ciñe a mi apetito y pongo la mano allí donde su dócil cadera comba lo azul del agotado vestido. "En cuanto podamos usar el dinero..." quiero prometerle, pero me calla con un shhhhh casi imperceptible. Inclinándome, pongo un primer beso por encima del azul vestido, y

48

su cuerpo responde atirantándose un momento. Gime como adolorida con el segundo beso y "Ven" la escucho pedirme. Olvido que alguien espera.

Contemplo la penumbra que cuelga por encima de mis ojos. Tengo las manos cruzadas bajo la nuca. Quiero descansar en el silencio de la casi madrugada, la cabeza en un extremo del sofá y las piernas en el otro. En el suelo, boca abajo, el libro que quiso entretenerme mientras llegaba el sueño. Recuerdo esas palabras casi finales: "Por favor, no; no me toques... Sé... sé que tienes la razón. La tienes. Pero no me toques, no en este momento." Demasiada dureza. Deben entenderse las razones, porque si no ¿cómo llevarse? Quiero descansar y trabajosamente evito pensamientos surgidos ellos sabrán de dónde. Parecen buscar imágenes, escenas. Hoy no las necesito, ni imágenes ni escenas. Hoy no, Marlene, hoy no. Sospecho, cuando me permito tener sospechas, que algún inocente juego primitivo fue ganándome batallas y está por devorarme. Sospecho. Hoy, soledad no necesito. Daría mi libra de carne por no obligarme a dejar el sofá como lo estoy haciendo; por no descolgar el teléfono; por no marcar número tras número; por no esperar ofuscado mientras, lejano, al extremo opuesto de la línea, el timbre suena una y otra vez, insistente, cargante, casi en la insolencia misma. Daría mi libra de carne, pero nadie nunca quiso aceptármela. O no supe ofrecerla. Lejano, suena con frenética insistencia que incluso a mí (paradójicamente) me enoja. Entonces, el enojo ajeno responde envuelto en vapores de sueño. Me identifico. Noto una sorpresa ofendida. Pido. Pero a esta hora, se quejan. Ruego. Resisten. "Doblo lo acostumbrado." Titubean. "Esta vez, si lo prefieres, yo voy a tu casa." Ceden: "¡Oh, está bien! Pero no te tardes, para que luego me pueda volver a dormir." Cuelgo. De pronto, ya no lo deseo; de pronto, ya no quiero salir; de pronto, siento la

urgencia de quedarme. "¡Oh, está bien!": más de una libra
me han cobrado ahora con esto. En la cocina bebo un vaso
de agua. Tibia. Tomo la chaqueta y salgo del departamen-
to. Corro los dos cerrojos de mi entrada, para tranquilizar
al propietario que, ése también, vive en mí. Oprimo el
botón de llamado y espero. Las puertas del ascensor se
abren, del centro hacia los extremos. Entro. Oprimo el
botón PB. Reflejo de tantos días, leo la plaquita: seis per-
sonas o 420 kilos. Séptimo, sexto, quinto... planta baja.
Salgo a la penumbra del pasillo de entrada. A unos metros,
el rectángulo vertical de la puerta resalta, un negro menos
negro, en las paredes. Siento un temblor de aviso, premo-
nitorio. Avanzo cautelosamente, dejando a mis espaldas la
escalera. Llego a la entrada y aplasto la espalda a la pared,
la mano en el bolsillo derecho, asida a la pistola. Con
levísimo giro de la cabeza, exploro a través del vidrio lo
que me es dable de la calle. Nadie parece aguardar en la
esquina; ni en la esquina ni en sitio alguno de los visi-
bles. "Nadie", dije asomado tras la cortina. "Quiere enga-
ñarte", contestó, la voz llena de convicción. "Probablemen-
te." Le acaricié el mentón con dos dedos: "No podemos
esperar más." Quiso objetar, pero lo impedí besándole de
lleno la boca: "Nena, es poco digno permitir que te empu-
jen tanto." Asintió entonces con un gesto de entrega o
desesperanza. Desde la puerta entreabierta del cuarto me
vio bajar las escaleras. Llegado a la planta baja, guiñé un
ojo cómplice y ella hizo una señal de adiós, como si en
verdad hubiera visto aquel guiño. Salí a la penumbra del
pasillo de entrada. Sentí un temblor de aviso, premonito-
rio. Avancé cautelosamente, dejando a mis espaldas la es-
calera. Llegué a la entrada y pegué la espalda a la pared, la
mano en el bolsillo derecho, asida a la pistola. Me asomé
con movimiento precavido: nadie en la esquina, ni en sitio
alguno de los visibles. Poso la mano izquierda en la puerta

50

de vaivén y comienzo a empujarla lentamente. No es tanto un leve ruido como un presentimiento. Me vuelvo. Ha surgido de lo oscuro, de los recesos de la escalera que tengo a mis espaldas. Está, ya, a unos pasos de mí, su gorda cara abierta en una sonrisa de triunfo; a la altura del enorme abdomen, la mano con el revólver. Dispara. Dos veces. Siento la protesta de las piernas ante el peso inesperado del cuerpo herido. Las manos se me escapan al vientre y lo oprimen. Adivino que voy cayendo en un negro y esperado pozo de negrura. Me detengo un momento a la boca del mismo y disparo un insulto. La gordura implacable de aquel hombre se siente ofendida y lanza uno de los pies contra mi cuerpo. En vano, pues voy bajando, una vez más, por ese pozo negro de las liberaciones. Creo haber escuchado un grito de mujer. El grito intenta alcanzarme e incluso pienso si permitirle llegar a mí. Es tarde ya, dice alguien. Sigo cayendo.

BUEN CAFÉ, EN LA VIA APIA

En una creación la realidad es una realidad
íntima, creativa y de voluntad.

MIGUEL DE UNAMUNO

DE DÓNDE me venga el vicio, carece de importancia, aparte
de que (cosas del tiempo, de la edad) he olvidado todo al
respecto. Sólo esto vale la pena saber: el vicio existe;
queden sus orígenes a la lupa de quien por ellos se interese. Por otro lado, el vicio es lo que cuenta, y el resto no
pasa de llamarse historia. Seamos civilizados al grado de
coincidir en que los anecdotarios sirven exclusivamente
para aliviar reuniones aburridas. ¿Conocen algo peor que
un libro simplemente trama? Bueno, pues yo sí, pero no
viene a cuento internarme hoy por esos complicadísimos
caminos: suelen resultar escabrosos. Y lo escabroso...
tiene su momento. Ha terminado por gustarme la tranquilidad; incluso me regodeo en ella. Si existiera el destino y
se le antojara hacerme criminal, no dudo que me obligase a
meterme en tal estado forzándome a defender una calma
tan arduamente conseguida como la mía. Muchos entenderán y no pocos perdonarían.

El vicio es lo que cuenta. Como todos, el mío es poco
saludable: de ahí su inmenso atractivo. Como todos, difícil
de eliminar, si existiera en mí la intención de hacerlo. Que
no existe, claro, y permítaseme la redundancia, que es un
derecho inalienable de la gente (digamos) madura. Es vicio
de atardecer. No mortecino, pero sí cabalmente de las
horas últimas de cada día. Horas lentísimas en llegar, como
todo placer que no se venda fácil. Venderse fácil ¿no es ya

52

en sí renunciar al nombre de placer? En fin, el cuerpo anticipa esas horas con un temblorcillo interno. Se ha trabajado a lo largo de la jornada y un cansancio indefinible es parte considerable de ese temblorcillo. Si es junio, en ocasiones llueve. Yo agradezco ese mínimo obstáculo, pues pone en la aventura de salir un toquecillo de tímida heroicidad. Una vida de hábitos (la mía, indudablemente) sabe apreciar esas variantes sencillas e indispensables. La tarde aquella, adelantémoslo, algo más que lloviznaba. Llego donde Manolo, quien viene a recibirme cuando escasea la clientela o me saluda desde lejos (mediterráneamente pícaro) si abunda. La tarde aquella vino a recibirme lleno de gestos bulliciosos. Me ayudó con la gabardina, se hizo de mi paraguas y puso ambos en un esbelto perchero no muy cercano de la entrada. Las seis, me informa el siempre exacto reloj. Subo la escalera, profundamente satisfecho de mi precisa llegada. La puntualidad es otro de mis vicios; y el orden. Pero los siento ajenos a este relato y prefiero dejarlos fuera.

Manolo no es (quedó arriba insinuado) gallego, sino italiano de pura cepa. Siempre he sospechado en el Manolo un seudónimo, aunque Manolo niega tal idea con el más bullicioso de sus gestos. Lleva en México tantos años, que seguro olvidó ya el nombre original. Luigi o Giuseppe tal vez, por abundantes que sean entre los italianos. Manolo tiene buen ojo para el dinero; para cómo hacerlo, diría más bien. En cuanto vio aquella esquina, "un café" se dijo. Hay esquinas predestinadas. El local era, quizás, pequeño, pero Manolo aprovechó de manera insólita el espacio disponible (confírmase allí lo de su buen ojo, aunque en otro sentido) y fue armando en él un cafetín de dos pisos la mar de íntimo. Casi en cualquiera de las mesas se está aparte del mundo; y encima, las vidrieras dan a un nutrido parque. Por ello afirmo que en el barrio tenemos unos

53

cuantos cafés. De buen café, un par de ellos. De buen café y atmósfera acogedora... Las ganancias vinieron desde el principio y ni tiempo hubo de meditar lo hecho. Acaso porque no hiciera falta. Luego (suceder inevitable en la vida de algunos hombres) Manolo se casó. Con su esposa se dividía los turnos de vigilancia. Jamás han tenido hijos, pero tampoco parecen extrañarlos. A ella la conozco menos, casi casi de pura vista, pues Manolo suele ocuparse del negocio desde las cinco de la tarde hasta la hora de cerrar. Es decir, allí lo encuentro siempre (consoladora repetición) cuando el puntualísimo reloj da las seis y subo sin prisas la escalera, internamente satisfecho de mi precisa llegada. En el segundo piso lo íntimo es aún más íntimo; de ahí mi elección. Mientras acaricio goloso el libro que en el bolsillo de la chaqueta llevo, escucho a Manolo decir:

—Pedro, el capuchino del señor Federico.

Hay esquinas predestinadas. Aquélla fue una, pues había nacido para café. Café de charlas y peñas (otro modo de soledad), pero también de rincones para solitarios, a quienes les venía desde abajo el apagado rumor de las pláticas anodinas, de los recuerdos en voz alta y de los comentarios inútiles. Arriba, pues, un abrigo. Se toma el libro, se lo abre con delicadeza de amante gentil y se inicia el diálogo.

—Su capuchino, señor Federico.

Pedro está a punto de pertenecer al café. Debe comprenderse que apenas lleva en él unos dos años. Pero adquiere por días el aire adecuado. Sabe moverse con calma, seguridad y precisión; sabe detenerse un momento ante el cliente, inclinarse ligeramente y escucharlo interesado o responderle con justeza, envueltos ambos en una intimidad cortés y de límites siempre respetados por las dos partes; sabe acomodar al cliente nuevo, que generalmente vuelve una segunda vez y repite una tercera y nunca se va ya a

54

partir de la cuarta. Es de comprenderlo: Manolo, Pedro (o, abajo, Luis, Rosendo), rincones solitarios, café exquisito.

Café en verdad exquisito. Café y un silencio hecho de rumores lejanos. La hoja, en veces amarillenta y en veces blanca, cede a la presión amorosa del índice. El espíritu lanza un metafórico suspiro de satisfacción ante perfección tan plena y

—Perdone.

Convengamos civilizadamente que la rutina defiende. La existencia es un misterio total mantenido a raya por el hábito. Incluso vivir en peligro constante es un hábito (incómodo, aseguran algunos envidiosos). El hombre subsiste a fuerza de apuntalarse con lo conocido, y nada tan conocido como las costumbres inveteradas. Verdaderamente abrigan. Las seis es una rutina, el capuchino es un hábito y Pedro está (consoladoramente) a punto de volverse otro. Ah, cuánta delicia en las repeticiones. Ninguna de ellas se parece a la anterior, pese a ser todas iguales. Ah, cuánta delicia.

Perdone, ha dicho alguien por allí cerca. Se levanta la vista un poco automáticamente, el cerebro aún en la hoja blanca (o amarillenta); hoja de líneas cortas y medidas, con un abab cada cuatro ocasiones; líneas llenas, llenísimas, de andar muy lento para el lector, pues la sabiduría jamás debe tener prisa, jamás debe indigestar, jamás debe comérsela a puñados; la sabiduría es tranquila y suave. Lejos quedó —la pobre loba— muerta: ¿epitafio sutil? A buen entendedor, piensa uno levantando la vista por mandato de la palabra oída. A vista del hombre, se echa mano al bolsillo de la morralla, la mente ya de regreso en sus pastos usuales.

—No.

Ni violenta ni majadera. La voz. Ocurre que su desesperada firmeza en nada coincide con lo visto —fugazmente—

55

del hombre. La incongruencia obliga a un segundo vistazo, entre curioso y molesto. La incongruencia se mantiene, pues aquel físico no corresponde a la seguridad angustiada del "no" escuchado poco antes.

Manolo no permite vendedores o mendigos en su café (agregándole ello atractivo al establecimiento). ¿Cómo se explica entonces...? El hombre pertenece a la segunda categoría, de pertenecer a algo. Pudiera ser un mendicante empeñado aún en no caer demasiado, empeñado todavía en un mínimo de respeto por las apariencias. Claro, así pudo llegar a la escalera y subir: un caso justo en el límite y, por tanto, difícil de precisar. Se entiende. Desde luego, es el suyo un empeño al borde del fracaso, a juzgar por la figura: cuerpo encogido y escaso, rostro delgado y hundido, ojos afiebrados y fijos. Incomodísima presencia. Con un adiós mental a la soledad, la calma y la lectura, se busca una respuesta mínima al mínimo misterio, en un intento quizás vano de evitar lo tal vez inevitable: una plática extendida.

—¿Ha dicho no?

—Así es.

Mantiene las manos bien hundidas en los bolsillos del amplio y deslucido pantalón, como si firme en sostener una doble afirmación. Estamos solos, caso de ninguna manera insólito, pues por algo elegí esta hora para saborear mi(s) café(s) leído(s). El grueso de la parroquia viene por allá de las siete pasadas, cuando suelo retirarme, dirigirme a casa cruzando el parque con lentitud, llegar a ella sabiéndola vacía, poner el libro sobre la mesa de la cocina, prepararme un bocadillo (generalmente de queso), servirme leche en un vaso de vidrio grueso y sentarme bajo la bombilla desnuda, esclavo una vez más de esa letra impresa llena de misterios; digamos, ésta: de tierra y agua y viento y sol tejidos. Curiosos cuatro elementos, que casi me retro-

56

traen a los griegos. Habré de desentrañar la clave el día menos propicio a lo desusado. Porque lo insólito acostumbra presentarse cuando más presume lo cotidiano. Estamos, pues, a solas. No hay inquietud ninguna en el momento, ya que el hombre parece polo opuesto de cualquier violencia. Lo siento demasiado hundido en una derrota aún indefinible, aunque seguramente fiera y corrosiva. La situación no pasa —al menos, todavía— de molesta y un tanto intrigante.

—¿Y entonces?

Se me ocurre que, guiado por la dignidad clara pero precariamente conservada en voz y gestos, pedirá la dádiva de un café muy caliente, de un pastelillo acaso. En nuestro mundo, manejado sobre la base de escalonamientos, existe cierta distancia moral entre una moneda y un café. Si la primera a menudo insulta, el segundo conserva un asomo de cordialidad.

—Su libro.

Pero ¿querrá éste que le obsequie mi libro? Curiosa mendicidad la suya. Cultura, jamás nadie vino a pedirme. La situación mejora, confesémoslo. Ahora, la interrupción se apoya en lo insólito, aunque (afortunadamente) un insólito controlado por lo cotidiano abrigador. Exploro, cauto:

—¿Qué pasa con mi libro?

—Me hizo pensar.

Ah, luego no busca quedárselo. Aquí se abren posibilidades insospechadas, como dice el lugar común:

—Lo hizo pensar ¿eh? ¿Pensar en qué?

—En que tal vez usted podría ayudarme.

Ni moneda, ni café, ni libro. Renace en mí la desconfianza, pues no imagino cuál petición decente quede por hacer. Pienso con nostalgia, entonces, en mi cada vez más frío capuchino. Cuando este buen hombre se vaya (¡y ojalá sea pronto!), pediré a Pedro otro café; incontaminado por asociación ninguna con la plática. Son, adivino pesaroso, cerca de las seis y media. Si quiero aprovechar el tiempo restante, necesito acabar con el diálogo:

—Ayudar en qué sentido.

—No es fácil... y tal vez contarle todo sea un tanto largo, aunque quizás también interesante.

Ah, comprendo ahora: es el café, pero a cambio de él me dará un trozo de su vida. Un modo acaso ingenioso de conservar su dignidad de persona. Mi soledad se ve algo más que amenazada, pero yo propicié la situación permitiéndole hablar. Si no puedo ya, por cortesía, evitar oírlo, al menos procuremos sacar una anécdota de todo esto. Bien manejada, pudiera servir como arranque de un cuento moroso y complicado, lleno de interrupciones y comentarios y apartes y posposiciones. Además, el hombre no deja de presentar interés: del aspecto hacia adentro, parece haber perdido... no sé, presencia; o parece haberse perdido, haberse extraviado en algún laberinto de enredos. Tiene ojos de perruna querencia, de animalillo sin dueño, de objeto abandonado. Querencia todavía digna, recia, pero pronta a su transformación en veneno, de continuar ese descenso desesperación abajo, tan obvio en su rostro. Veneno duro, que lo recio, si corrompido...

—Un café.

No pregunto, afirmo. Se sienta frente a mí, aceptándolo. Pedro, con un gesto de desaprobación casi imperceptible, toma la orden y baja a cumplirla. El hombre, sin duda haciendo tiempo hasta la llegada de su bebida, echa un vistazo al libro que he cerrado con ademán definitivo.

—¿Por qué Machado?

—¿Por qué no?

—Oh, la poesía... No da muchas oportunidades de vida, pienso.

—Por el contrario, las encierra todas.

58

—No lo sé... En fin, de poesía conozco muy poco. Mire, jamás pasé de las epopeyas.

—Es necesario leer a Machado.

—Cuando no hay tiempo, cuando se está obligado a elegir...

—Machado es Machado.

—Pero tanta abstracción allí...

Un gesto vago por parte del hombre, como si cerrando el tema. Llega Pedro y el americano con crema queda frente a mi invitado. Y un pastelillo. Una, dos, tres, cuatro cucharaditas. Revuelve la mezcla con desgano y la prueba sin mucho convencimiento. Al parecer, aún lo encuentra amargo. Titubea, pienso que avergonzado, mirando la azucarera. Se resuelve por dejarlo como está. Vuelve a menear el brebaje (no podemos llamarlo de otra manera) lenta, muy lenta, lentísimamente y me mira con las húmedas castañas de sus ojos:

—Gran invento, el americano.

—Oh, por favor, al lado de un buen exprés.

Noto que mira con un dejo de burla mi capuchino, y considero prudente defenderme:

—El insomnio. Y un capuchino sigue perteneciendo a culturas viejas, sigue teniendo prosapia.

—Yo, el americano. Un gran invento. Como los *best sellers*.

Es tan desorbitada la afirmación que la paso por alto y voy al grano:

—¿Y esa ayuda...?

—No es de dinero. No debe preocuparse.

—No me preocupo.

—Hace bien, pues no es dinero. En absoluto. Nada tiene que ver con el dinero.

—Bueno, bueno, me ha convencido.

—Ya, me repito, lo sé. Pero es que la gente luego... Lo que voy a pedirle...

Homosexual no es; o no parece serlo. Resulta difícil

59

situar a este hombre. Desde maestrito hasta ejecutivo en desgracia, pudiera ocupar cualquier posición; desde los treinta y cinco hasta los cincuenta y algo, cualquier edad; desde mexicano hasta griego, cualquier nacionalidad. A este hombre le urgen definiciones. Es de contorno muy difuso, e incluso homosexual (después de todo) acabará resultando. Sin darme cuenta casi, aparto la mano derecha de la suya izquierda, que el azar había puesto demasiado juntas. Ni lo nota, y ello me tranquiliza.

—...le sorprenderá, estoy seguro.

—Todo puede pasar. Incluso que me sorprenda... y hasta me admire.

—Viendo ese libro, viéndole el rostro, me dije: tal vez éste sea mi hombre.

Parecemos un relato moroso del XIX. Comienzo a sentirme un tanto claustrofóbico, un borrico a la vuelta y vuelta en la noria. Dinero no, libro no. ¿Entonces? ¿Algún juego intelectual? ¿Y qué pinta mi cara en todo esto? Por la edad, no puede ser un hijo extraviado allá en mis mocedades. ¿Y entonces?

—¡No sabe cómo ansío que sea mi hombre!

Por primera vez hay fuerza en la expresión, aunque ésta me resulta incómodamente ambigua. Su café, virgen, se avejenta en el frío que lo va poseyendo. Del mío, mejor no hablar.

—¿Y cómo saberlo mientras no me entere de lo que busca o necesita?

—Es fácil, una novela.

—¡Una novela!

Viendo mi genuina sorpresa, se apresura a decirme:

—No tiene por qué ser larga; tal vez un cuento bastaría. Pero no muy corto.

¿De dónde sacó este hombre borroso que yo, bebedor consuetudinario de capuchinos, lector infatigable de ensa-

60

yos y poesía, estoy capacitado para...? ¡Seguro que quiere tomarme el pelo! Parece adivinarme el pensamiento, pues aclara:

—No bromeo; en serio que no bromeo.

Bueno, pues alguien lo está haciendo, pienso yo. Algo habré reflejado en la cara, ya que el hombre se encoge, disminuye de tamaño, se acobarda y de sus ojos huye la poca luz ganada hasta ese momento. Levanta los hombros en gesto que adivino de frustración y derrota. Amaga con levantarse mientras dice:

—Bien, otra equivocación.

—No, espere. ¿Por qué irse así? Fue lo sorprendente de la petición. Necesito examinar el caso, que me lo explique mejor —y viendo el fulgor afiebrado de vuelta en su mirada. Entienda que nada, absolutamente nada estoy prometiendo, pero sí quisiera enterarme un poco más de... bueno, la razón de tal pedido, su propósito, en fin, todo.

Me va apresando una metafórica red de posibilidades, un asomo de sueños inconfesados o a medias reconocidos. Escribir una... no, para comenzar un cuento. El escritorio colonial mexicano, la hoja inmaculada y la atómica (de tinta negra) acabadita de comprar. Cinco días a la semana acumular diez mil una sólidas palabras, para superar en una al buen Jack. Y de pronto ¡presto!: los suplementos culturales, las editoriales ansiosas de publicarme, los premios (nacionales primero) y, dentro de unos quince años, las obras completas en un hermoso tomo encuadernado en plástico perfecta imitación de piel. Tendré entonces setenta y cinco años. Vuelvo de mis divagaciones y pongo mi avariciosa mirada en la figura anfibia de mi interlocutor, quien —el tiempo es relativo, como cualquiera mínimamente enterado sabe— se dispone a responderme:

—La culpa es de López.

—¿López? ¿Ése de las novelitas...?

—Ése.

Si a distinguir me paro las voces de los ecos, mucho eco me resulta el tal fulano. Lo creo culpable de cualquier barbaridad. Este hombrecito sin esencia comienza a simpatizarme. Comprendo ahora que ha sufrido mucho. Agrega:

—Está escribiendo una nueva novela...

Claro, me extrañaría que fuera una novela nueva.

—...Irá por la mitad. Y sucede —la voz se le adelgaza aquí— ...que me ha corrido. Me corrió casi desde el principio mismo. Que no le sirvo, me dijo.

El caso me resulta de pronto una petición de trabajo. ¿En qué puedo emplear yo, con mi lánguido salario de corrector, a ser tan estrafalario y al parecer inútil? Secretario no necesito. Como no le ceda mi puesto. Contrariado (y el desengaño participa mucho de ello), pregunto:

—¿Y la petición concreta?

—¡Pero ya se lo dije, necesito un cuento! ¡Aunque sea breve!

—Perdóneme, pero en este problema hay dos elementos, cuya relación se me escapa.

—¡Míreme! —el tono es perentorio—. ¿Hay derecho a esto? ¿A tenerme así, en los puros huesos? ¿A mí, que con tanta maña, en aquellas primeras páginas, subía por la enredadera y llegaba al balcón? ¡Si me hubiera visto entonces... Aquellas calzas, el jubón, la capa! ¡Cómo le brillaban a ella los ojos en viéndome! Y ahora... —los ojos se le humedecieron realmente— con el otro, con el sustituto. Quizás —la idea parece inundarlo de asombro— hasta... Pero no, no en esas novelas...

Lo escucho con atención: he aquí un caso de locura singular, me digo. Por otro lado, el hombre parece haberse diluido en el tiempo que llevamos hablando. Terminará volviéndose invisible, pienso en broma. Por fuera, no me permito el desacato de ningún gesto revelador. Será de interés oír lo que viene:

—Llevaba años esperando —el hombre no cesa en su monólogo un solo instante—. Ya pronto, era la promesa constante. Un libro, otro y otro más y yo esperando, paciente. Hay personas difíciles de situar, pensaba para consolarme. ¡Cuántos compañeros perdí! Se fueron felices, cumplidos en su destino; felices aunque los esperara una serie de aventuras lamentable, pues la inutilidad es lo verdaderamente asesino. Verse o saberse inútil, he ahí lo inaceptable. ¿No es así? Saberse inútil. Como yo ahora. Como yo desde aquel despido. Por ello necesito un cuento. ¿Lo ve? Me vuelvo humilde: renuncio a la novela y acepto un cuento. Un simulacro cualquiera donde sobrevivir. ¡Mire: la esencia se me va por todos los poros!

Se examina con lentitud, como si aquello en verdad estuviera sucediendo.

—Habló usted de un ¿despido?

—Estábamos en la orilla de un río apacible —la mirada se le pierde en la memoria placentera—, bordeado de cipreses. Hablábamos de amor con hermosísima retórica, aislados del mundo, metidos en una felicidad que nunca se repite... Y de pronto él. Agitaba las manos frenético, vociferando que no aguantaba más tantas repeticiones, jurando que buscaría lo moderno a toda costa, cayera quien cayera. Caí yo. Me insultaba llamándome inepto, acusándome de no entender para nada las nuevas tendencias. Años, años de espera y venía a tocarme justo a mí esa fiebre de cambio pasajero. ¿Quién tendrá la razón? Quizás él. Me puso fuera de la nueva novela y me ordenó esperar —la mirada volvió a mí— ...esperar. ¿Qué habría hecho usted? Porque yo hui. Nada me quedaba sino escapar y probar suerte por mí mismo, a la desesperada. Como es obvio —tiró con la mano de la ropa, mostrándome el tamaño de su flacura—, estoy perdiendo la batalla; pronto me rendiré.

—Pero es que yo tal vez no soy...

—Primero los mariscales de campo. ¡Con cuánto desprecio me miraron! Ellos, con sus aburridísimas tramas filosóficas... Gané aceptando el rechazo, pues soy demasiado la estatura de López, no tengo alcances, la verdad sea dicha. Pero luego me digo ¿y mis derechos? Los derechos que ustedes me han dado, esos que jamás pedí. Para mí que la responsabilidad está en quien concede, no en quien acepta.

—Hummm, discutible idea. Pero volvamos a lo otro. En serio que mucho me gustaría ayudarlo, mas sucede que apenas acabo de conocerlo y...

—No se trata de conocer —la angustia lo vuelve descortés y me interrumpe sin recato—, sino de inventar.

—Pero indiscutiblemente lo autobiográfico...

—¡Es que yo acepto cualquier cosa, cualquiera, si de sobrevivir se trata! Sobrevivir y ser útil.

—Hasta un Salgari —digo por decir algo.

—Pero claro, hasta un Salgari. A Ventimiglia no le ha ido nada mal que yo sepa. Al contrario, si de ventas se trata...

Este hombre me acorrala y me agota. Por otro lado, son casi las siete. ¿Y si le prometo, por quitármelo de encima, pensarlo?

—Si me diera hasta mañana para...

—¿Aquí?

—Sí, aquí mismo, mañana a las seis. Pero simplemente para...

No quiere oírme ya. Sin darme las gracias, busca presuroso la escalera; poco después, sale por la puerta y lo pierdo entre los transeúntes. Sonrío divertido. ¡Qué tío! Me levanto. ¿De dónde voy a escribirle yo un cuento? ¡Vaya iluso! Recojo el Machado. ¿Qué experiencias tengo dignas de contarse? Inicio el descenso. Pedro, en estupor pleno, observa los dos cafés y el pastel quedados sobre la mesa.

64

Sacudiendo la cabeza, comienza a limpiar. Ya comentará con Manolo que no he bebido el café y se preguntarán qué me pasa. ¿Qué me pasa? Pues que nada me pasa. Si miro con objetividad mi vida, poco sé del mundo. Me conozco una debilidad, un vicio. De dónde me venga el vicio carece de importancia, aparte de que (cosas del tiempo, de la edad) he olvidado todo al respecto. Sólo esto vale la pena saber...

EL PASEO

La lógica se puede concebir siempre de tal
modo que cada proposición sea su propia prueba.

LUDWIG WITTGENSTEIN

"HOY estuve paseando por el río", dijo Ramón a la hora de
comer, cuando toda la familia Ruiz se reunía alrededor de
la mesa, súbditos obedientes de un ritual inalterable. Era
un sábado de cielo grisáceo y humedad excesiva, de modo
que en el pecho caía una opresión incómoda. No bien la
frase llegaba a su fin, el cuchillo de trinchar, que don
Pedro manejaba siempre con tanta maestría (ducho como
se mostró desde joven en mandar sobre cualquier instru-
mento cortante), arañó desapaciblemente el platón de loza.
El ruido penetró de punta en la espera de los presentes,
que en pleno acuerdo miraron hacia la cabecera. Allí, un
don Pedro ruborizado y molesto levantaba del mantel un
alón de pavo, expulsado del recipiente por el brusco impul-
so de la herramienta. Una mancha aceitosa comenzaba a
extenderse por la blanca tela, testigo ominoso del acciden-
te. No era don Pedro señor de trato fácil, y conducía su
hacienda sin melindres, exigiendo de todos (y exigiéndose)
un trabajo impecable y un comportamiento limpio (siendo
él quien imponía los criterios de limpieza). Por lo mismo,
aquella mancha creciente hería, primero, los ojos de espo-
sa e hijos y, casi de inmediato, algún recoveco de la con-
ciencia, imposible de precisar. Tal vez con la sana inten-
ción de hacer olvidar lo sucedido, Sergio preguntó a Ramón
cuál orilla del río había visitado. Sergio era el primogénito;
amigo de Ramón por coincidencia en los estudios, lo había

66

invitado a pasar las vacaciones de verano en la hacienda, vacaciones que estaban a unos días de concluir. "La otra, del puente hacia arriba", contestó Ramón.

Don Pedro servía primero y siempre a su esposa, doña Olvidos, aunque no siempre el mejor bocado, que con cierto disimulo conservaba para él. Sí le cedía el segundo mejor, excepto que quisiera cartigarla por alguna falta menuda, en cuyo caso la pieza iba al plato de Sergio, tocándole a ella la tercera en categoría. Debido a la presencia de Ramón, el orden fue alterado en beneficio de éste, quien recibía esa tercera porción, quedando la cuarta para Sergio. Las hijas, claro, venían al final. Y a nadie, claro, se le ocurría objetar y mucho menos protestar. Don Pedro le servía a doña Olvidos una sabrosa tajada de pavo. Oyendo la respuesta de Ramón, hizo una pausa y miró al muchacho con interés: "Es decir, anduvo usted cerca de los matorrales." Respiraron todos con alivio, viendo que gracias a la estratagema de Sergio se olvidaba lo ocurrido momentos antes. "Bastante cerca, sí." Doña Olvidos quiso darle fuerza al nuevo sesgo de la conversación y comentó, con su voz cortés y neutra, hecha a la indiferencia de los demás: "Muy hermoso por allí, ¿no le parece?" Ramón recibía justo entonces su participación en el pavo; miraba con obvio deleite la carne dorada, y contestó sin levantar la vista del plato: "Ah, desde luego que sí. Especialmente el viejo roble y sus alrededores." Don Pedro interrumpió por segunda vez su tarea: "¿El viejo roble? Pero entonces fue más allá del breñal", afirmó con cierto vigor excesivo. "¿Sí? Puede ser. A decir verdad, no me fijé mucho." Don Pedro observó con gran esmero a su invitado, como si dudara de algo; luego, lento, casi con desgano pudiera deducirse, siguió sirviendo.

"Sabe", dijo don Pedro al sentarse frente a Ramón, "me gusta la gente madrugadora." Estaban en el porche de atrás, que daba a un jardincillo limitado por setos y con una fuentecilla de piedra en el medio. La peana central de la fuente no tenía imagen, pues en tiempos del antiguo dueño hubo allí un angelote merodeando a una señora (griega, comentaba Sergio al contar la anécdota) demasiado en cueros. Don Pedro la había mandado retirar (porque las hijas se iban acercando a los trece), pensando sustituirla por algo menos indecente, pero a la fecha, unos tres años después, seguía sin decidirse o lo había olvidado. El jardincillo era, en cierto modo, trozo de la heredad que doña Olvidos tenía en usufructo. Ramón lo descubrió al día siguiente de su llegada, y gustaba de pasar en él un rato al anochecer, antes de la cena comunitaria, que empezaba a las ocho. Ocupada en dirigir la cocina, doña Olvidos no aparecía por allí, que sus horas eran las del primer atardecer, cuando la siesta del esposo. Como por acuerdo general, la dejaban disfrutar a solas su retiro. No era desusado verla sonreír, allí sentada en su sillón de mimbre preferido; quizás, pensó alguna vez Ramón, su niñez o su mocedad le venían a hacer compañía. Ramón leía en el momento de acercarse don Pedro. Supuso que, gesto excepcional, el cetrino hacendado creyó obligatorio entretener a un huésped que, después de todo, estaba por irse en unos días; cerró pues el libro y preguntó: "¿Y por qué, don Pedro?" Se arrellanaba el otro con potente cuerpo en el, por comparación, frágil asiento: "Digo, por usted. Con eso de que se fue a pasear temprano." Miró Ramón a don Pedro con cierta extrañeza: "Yo no dije que hubiera madrugado." Don Pedro tamborileó con sus dedos duros en el brazo del sillón; tenía la voz un tanto más gruesa de lo acostumbrado, quizás porque el tiempo enfriaba. "¿No? Habré entendido mal. Como estuve por allí hacia las once y no lo vi." Ramón sentía que la conversación era un tanto innecesaria, dirigida en grado extremo por un equivocado sentido de la cortesía; se notaba en la incomodidad del ya viejo huésped, quien insistía en hablar de temas intrascendentes. Pero justo a causa de tal cortesía a Ramón le costaba mucho no continuar el diálogo: "Pues entonces sí es raro, porque más o menos a esa hora estaba paseándome por allí." En los ojos de don Pedro apareció un fulgor de triunfo, como si pensara: ¿No bien lo decía yo? Pero salió con una pregunta inesperada: "¿Cerca de los matorrales?" Era ya una voz inquisitorial la de don Pedro, y Ramón comprendió entonces la docilidad de esposa, hijos, sirvientes y peones. "No lo sé. Probablemente." Don Pedro no gustó de la respuesta: "¿No lo sabe? Es fácil saber si se está junto a unos matorrales." Un destello de enojo le vino a Ramón, pero se contuvo, tal vez (y ello le aceleró el enojo) por un asomo de miedo: "Pienso que sí, que junto a los matorrales." La mirada de don Pedro clavó a Ramón en el asiento, y en nada alivió la sensación de acoso la sonrisa que, con lentitud desesperante, llegó a labios del viejo: "Entonces sí, es raro que no nos viéramos."

Se levantó el huésped, fue hasta el final del porche y miró al jardín, un jardín profundo a causa de la oscuridad y verdecido por insistencia del verano. Una madurez vegetal lo cubría todo. De espaldas a Ramón, preguntó: "¿Y nada que comentar de esos lugares?" Mi padre, le dijo Sergio a Ramón en el tren, es a veces muy chistoso, ya lo verás. No le hagas mucho caso. ¿Chistoso? Y peculiar. Parecía obsesionado por los ires y venires de Ramón, quien comenzaba a lamentar el haber mencionado aquel paseo. "Pues no. ¿Qué podría comentarse?" El otro se volvió a mirarlo: "Hombre, hay tanto pájaro bonito por allá; a veces, hasta venados llegan a verse." Ojalá y fueran las ocho, pensó Ramón, hastiado de tanta tontería. Contestó: "No, no vi nada. A veces, los matorrales se movían, pero más bien ha de haber sido el viento." Otro fulgor de triun-

69

fo vino a los ojos de don Pedro: "Sí, el viento. Casi seguro que el viento."

"Aunque", era después de cenar y don Pedro había detenido a Ramón en la escalera cuando éste, muy cansado, subía a su habitación, "hoy no hubo viento, ¿recuerda?" De momento el joven no comprendió nada. Luego, a su amodorrada mente vino la conversación del porche y, harto ya, perdió la paciencia y dijo con voz demasiado viva: "Déjeme en paz. ¿Qué importancia tiene todo eso?" Los murmullos de quienes aún estaban en el comedor cesaron unos instantes; luego resurgieron con alguna timidez. Ramón se arrepentía ya de su arranque, pero no tuvo tiempo de disculparse, pues don Pedro, como inconsciente de la grosería, le hablaba una vez más. Extraño modo de sonreír, comentó en su interior Ramón. El huésped se asía a su tema con obsesión de viejo: "No, no había viento. Es fácil recordarlo. Por ello pienso que ese movimiento de las ramas que a usted tanto le extrañó lo causé yo al pasar entre ellas." ¿Y si le digo que sí? Tal vez así me libre de él y pueda irme a dormir: "¿Entonces fue usted quien movió esas ramas?" Don Pedro pareció crecer de estatura al oír esa pregunta: "Sí, yo. O mejor, Teresa y yo." Por primera ocasión una sorpresa profunda se clavó en Ramón: "Pero, ¿no iban a la estación?" Imaginó a la chica, salerosa y hasta pizpireta, en compañía del viejo carcamán. ¡Pobre muchacha! Había regresado, a su familia y a sus estudios, a destiempo, cuando Ramón comenzaba a coquetear con la idea de enamorarse de ella. Bonitilla, en verdad; y sobre todo muy ¿vital? No, no tanto vital como llena de atractivo sensual. Era un gusto verla caminar. Don Pedro contestaba en ese momento: "Claro. Pero antes quiso dar un paseo por aquel lado del río, que a ella le gustaba tanto. Sobre todo el viejo roble y sus alrededores. Sí, un paseíto." Miraba a Ramón como si ambos compartieran un secreto. Ya en

70

su cama, **Ramón** envidió al viejo aquel paseíto. Teresa caminaba, en verdad, con mucho salero. Y cuando sonreía, lo hacía también con los ojos.

Era media mañana, después del desayuno y de la misa. Un domingo en verdad espléndido, con un sol preciso en un cielo totalmente azul. "¿Qué tal un paseíto antes de la comida? Para abrir el apetito", propuso don Pedro. Sergio pareció gustar de la idea y fue a levantarse (jugaba ajedrez con Ramón), pero su padre le dijo con su brusquedad del diario: "¿Y a ti quién te invitó? Estoy hablándole a Ramón." Éste no sentía la menor inclinación a aceptar el envite; sin embargo, negarse no iba con las costumbres de aquella casa, y salió en compañía del recio anciano, cuyo paso vigoroso no mostraba cortesía para el andar citadino del joven. Pronto llegaron a las orillas del río; caminaron por la veredilla de la ribera hasta alcanzar el puente. A lo lejos se veía el ondular de los trigales, y hubo un vuelo de cuervos o, tal vez, de zopilotes: la distancia impidió reconocerlos. Don Pedro dio unas palmadas amorosas en el pretil de piedra: "Siglo XVIII", dijo con orgullo. "Piedra limpia, Ramón, piedra limpia. Como todo lo del campo." Miró luego en rededor, pleno de satisfacción, para terminar agregando: "¿Pasamos?" A la mitad del puente el joven se detuvo a contemplar el agua apoyado en el parapeto. "¡Qué tranquila está la corriente!", exclamó. "¡Qué extraño, ella dijo lo mismo!" Ramón se volvió hacia el viejo, que lo observaba con fijeza incómoda. "¿Quién, Teresa?" Ojalá, pensó a la vez que preguntaba, no caigamos en lo de ayer.

"Claro. ¿Quién sino Teresa? Debieras saberlo. Aquí se volvió a mirarme, coqueta. ¿Por qué no me dejó ir?, preguntó, como si no lo adivinara. Igual que tú. No, espera, óyeme primero. Porque te estimo demasiado, le contesté. Calló y seguimos nuestros paseo. ¿Ves aquella piedra? Allí

71

quiso descansar. Ustedes los de la ciudad, la verdad sea dicha, son muy fragilitos; les falta la pujanza del campo. También a ella se lo dije, aquí de pie, contemplándola. Padrino, que me ruboriza usted. ¿Podrás creerlo? Estas muchachas de la ciudad se llenan de mañas y luego vienen y le echan la culpa a uno. Para no tener que regañarla le propuse que fuéramos hasta aquel roble, donde encontraría sombra. Caminaba delante de mí, como tú ahora. La veía moverse; con provocación, con ganas de hacerme sufrir más. No, ni trates de contradecirme, que me las conozco, y muy bien. Ganas de hacerme sufrir más que en las comidas, cuando por hablarles a todos me olvidaba. Pura grosería de niña caprichuda. Y luego en las noches, ni el beso quería aceptarme bien a bien. Pues no insistas, decía Olvidos. Insisto porque es necesario educarla, le contesté; no le podemos permitir la grosería. Si ya de por sí el mundo éste... Cuando llegamos al roble le tomé la mano, pero la retiró en seguida, asustada. No seas tonta, le dije, sólo quería llevarte a los arbustos. Hay allí una cosa que deseo enseñarte. Si te va a gustar, mujer. ¿Qué, no soy tu padrino? Sí, pero mi vestido. ¡Su vestido, querrás creerlo! Si estas mujeres, para disgustarlo a uno, todo lo inventan. Olvídate de él, le dije. ¿Ves la abertura ésta? Por aquí penetramos, y las ramas se movían y fue cuando nos viste."

Ramón se preocupaba. El viejo don Pedro insistía en su obsesión, y era agobiante el dale y dale y dale sobre lo mismo. Quiso terminar el malentendido y afirmó con bastante sequedad: "Ya le dije que no los vi." La mirada del otro fue de pleno escepticismo: "¿No? Hubiera jurado lo contrario. Pero en fin, sígueme. Voy a continuar contándote lo ocurrido." Un asomo de inquietud, inexplicable, hizo que Ramón opinara: "Creo que debemos regresar." El viejo le palmeó la espalda; fueron unas palmadas casi rudas: "Pero si voy a enseñarte lo que Teresa vio. ¿No eres tú también mi invitado?" Y a los invitados, pensó Ramón, no debe forzárselos a nada. Insistió una vez más: "Don Pedro, en serio que ya es tarde." Al viejo se le oscureció el semblante, pues era hombre acostumbrado a la docilidad en los demás. Preguntó sin disimulos; "¿Tienes miedo?" La honestidad debería prevalecer en todos los casos, y Ramón haber confesado algo más que un amago de inquietud. Sin embargo, es comprensiblemente difícil hablar de esa manera a quien nos acoge en su casa. Así, "¿Por qué tenerlo?" fue su respuesta. Sonreía con placer el huésped, como si aliviado de un peso: "Claro, ¿por qué tenerlo? Y cuando veas lo que voy a enseñarte... Mira, entra por esa abertura." Ramón lo hizo, aunque muy a desgana; tras él venía don Pedro, a cada paso más parlanchín, más excitado; parecía lleno a reventar del ansia de mostrar el secreto aquel, por conocer el cual no sentía el joven prisa o curiosidad ninguna, quizás porque los arbustos se estrechaban hasta el ahogo, y era imprescindible avanzar con mucha lentitud, apartando las agresivas ramas con cautela, procurando no arañarse en exceso. Interiormente maldecía al viejo, causa primera de aquella situación, siendo la segunda el haber aceptado su imposición sin una protesta mayor. La voz de don Pedro llegaba monótona e insistente, casi jubilosa. De principio, la tarea de resguardarse hizo que Ramón no escuchara del todo el bordoneo, que en ocasiones se le fundía al constante zurrir de los insectos en las plantas. De súbito, algo de lo oído a medias se le clavó en la atención, y la voz comenzó a conquistarlo.

"...también ella se abría camino muy cuidadosa. Ustedes los de la ciudad se preocupan demasiado de lo que no tiene importancia: ¿en qué van a lastimar unos cuantos arañazos? En cambio, lo que en verdad hiere, eso... Una vez se le atoró el vestido, malamente, en una rama. Me agaché en seguida para soltarlo. Al hacerlo, mi mano cayó por accidente sobre su muslo, como acariciándolo. ¿Me creerás que ella dio un tirón brusco, sonrojada y llorando casi? La falda del vestido se rasgó. Nunca vi piel tan suave, Ramón. No serías capaz de imaginarla. Tonta, le dije, fue sin querer. Me miró con asco. A mí, su padrino. Pero a su asco ya estaba acostumbrado, pues lo conocía desde que a ella se le ocurrió cumplir quince años y volverse coqueta. A su asco sí, no a su miedo. Iba llena de miedo, y no logro comprender que se me tenga miedo. Eso... que se me tenga miedo... me enerva. La gente no debe tenerme miedo, ¿entiendes? El miedo es una grosería, casi tan grave como andar provocándome con ese andar... Tú mismo la viste caminar; yo te sorprendí muchas veces viéndola caminar... No, no, si no te acuso de nada. Se es joven, ya lo sé. Pero el miedo..."

Salieron a un claro en medio de la cerrada vegetación. "...cuando llegamos aquí, se detuvo. Igualito que tú. ¿No te extrañan tantas coincidencias? Quizás las haya hasta el final. Sería perfecto; perfecto y de una limpieza absoluta. Cada etapa surgida de la anterior y a la vez completa en sí misma. Una belleza. Ahora lo veremos ¿no? Porque siento en ti ese miedo infame de todos los otros; y tu miedo me quema, y eso es una descortesía. ¿No has vivido en mi casa días y días? ¿Como ella? Y sin embargo, cuando quise acariciarle el rostro, me lo impidió con la mano, que le apresé entre las mías. ¿No sabes, le dije, que no debes ser arisca conmigo? Yo te estimo bien y debes respetarme, pues soy tu padrino. No, no te muevas y sigue escuchándome. Además, no sabrías salir de aquí. Me miró con asco y con burla. Retiró la mano bruscamente. A su asco ya estaba acostumbrado, pero la burla... '¿Qué desea enseñarme?', preguntó. Nada, contesté; únicamente me urgía estar a solas contigo, para pedirte una cosa sencilla, muy sencilla, que no va a lastimarte, no mucho. Sé que no me la negarás, pues soy tu padrino. Y un padrino no anda por ahí pidiéndole cosas sucias a una ahijada ¿verdad?"

Alto y robusto, don Pedro miraba a Ramón con sorna. "¿Seguro que no nos viste? Ah, qué caray. Para mí que me engañas, muchacho. ¿No? Pues entonces no sé si terminar de contártelo. Pero por otro lado, ¿por qué no? Ya a estas alturas... además de que me engañas, lo sé bien. En casa, todo es un borlote de engaños. Si no me engañan, mi esposa, mis hijos; si lo sé todo, cabalito. Que uno se haga el tonto, ya es otra cosa. Pero ¿engañarme? No, nadie. Miraba a mis hijos con alevosía, consciente de que yo la miraba. Como al descuido mostraba sus cosas, provocándome. Los usaba de pretexto para hundirme en malos ratos y ellos, tarugos, ni cuenta se daban. Pero yo sí, cabalito. Quería su beso; quería sentir qué se siente cuando un hombre besa. Por eso aquí, a solas, para no comprometerla. Quise besarla entonces. Quise besarla porque ya me encendía la sangre no hacerlo. ¿Querrás creerlo? Me rechazó con rabia, como gatita enojada. ¿Quién las entiende, pues? Primero piden y luego se niegan. Antes de que la abrazara echó a correr con un grito. Ese que tú oíste. No, no, ni me digas nada; si yo ya lo sé todo. Todo. No seas loca, le advertí, no huyas, no vale la pena intentarlo. ¡Qué sacudidas de ramas, qué de gritos! De seguro estabas intrigadísimo con el barullo ese. ¿Por qué negarlo, muchacho, si yo lo sé? Yo deduzco y deduzco bien. A deducir nadie me gana. Viendo que no me hacía caso, fui tras ella. La verdad, estaba asustadillo. ¿Y si alguien nos oye?, pensaba yo. Ni imaginarme que estuvieras allá afuera. ¿No te diste cuenta de que la voz me fallaba a ratos? El puro miedo. Ahora ya te lo puedo confesar, el puro miedo. Aquí, tan estrecho el lugar, ¿cómo iba a escapárseme? La alcancé y le fui quitando el grito, ¿me entiendes? ¿No? Pues acércate a este agujero. ¡Que te acerques te digo! Eso es, así, docilito

75

como mis hijos. Asómate y comprende. Pero no, asómate
bien. Mira esa tierra húmeda, negra, tan rica para la siem-
bra. Ayer la eché allí. Bueno, pues ya sabes por qué se
movían los arbustos, por qué escuchaste un grito, por qué
te traje hasta aquí, con engaños, contándotelo todo, para
que llenaras lagunas. No, no me digas que no oíste nada;
no puedo creértelo. Y menos ahora. Si no lo viste, mala
suerte, Ramón, mala suerte..."

EN LA ISLA

Listen! Do things look in the ten and twelve
of noon as they look in the dark?

DJUNA BARNES

JUEVES y muy temprano: la mejor hora. Los prados parecen casi vueltos a su estado primigenio, a su inocencia primera de un verde sin huella de visitantes; incluso el aire viste cierta apariencia de dulzura y los paseantes (contados) miran a quien pasa con calma, con bonhomía. Los quioscos no inician todavía, pese a estar abiertos, su labor invasora y nadie espera, agobiado de sol, su turno para alquilar una lancha. Hasta la compra de sesenta minutos en el lago tiene su ángulo optimista, de evasión premeditada. El agua, verdosa como siempre, parece tranquila. Aquí y allá, en las orillas, parejas campechanas, seguidas algunas por un correr, saltar, reír de niños; en ciertos rincones, exploradoras parejitas recatadas. El cuerpo, jubiloso, responde con vigor y los remos ceden al esfuerzo de los músculos. Pinta bien la escapada.

Poco después se busca el túnel que divide por mitades el lago. Entra el bote en el estrecho pasaje. Las manos, apoyadas en el techo de cemento y barras de metal, impulsan la embarcación, que avanza con cierto brío en la penumbra, encaminándose a la ya próxima salida.

La quilla, con suave gorgoteo, abre las aguas. El silencio es casi total y la negrura demasiado espesa. Se adivina la vigilia nerviosa de algunos animales; las hierbas flotantes, insistentes y hasta necias, se enredan a las palas, como guardianas obsesivas de ellas sabrán qué misterio. Se oye,

77

contenida, la respiración afanosa del remero, quien busca las dos islas centrales, habiendo dejado atrás el sólido amparo de la orilla. Eran, al partir, muy cerca de las ocho.

Desde las islas una niebla comienza a tender la avaricia de su avance, cubriendo muy lentamente el lago, de modo tal que los árboles, tan lejanos, adquieren una presencia vaga y desconsoladora, de fantasmas irresolutos en aparecer del todo. Se escuchan, incluso más lejanos, los gañidos opacos y breves de animales inquietos o, tal vez, maltratados. Arrecia el paso de la niebla, que parece ansiosa de alcanzar las orillas del lago, de apresarlas, de disolverlas. Un croar incesante brota ahora de los macizos de cañas, y el agua roe la tierra con dientecillos casi inaudibles, pero eternos. El viento, escaso, cubre la menguante superficie con reflejos indefinidos, cicatrices de una negrura sin concesiones. El sonido de los remos crea un pulso constante, que halla eco en el cercano cobijo del muelle, donde un oleaje menor bate los pilotes de madera con un roce sin fin.

Contra el cielo oscuro la sombra densa del caserón, situado en la isla mayor, a horcajadas casi sobre la tierra abrupta y el roquerío filoso y destemplado. Clavado en la ceja misma de una prominencia, domina los alrededores y puede vérselo desde el pueblo. Paisanos hay que, en viéndolo, le dan la espalda y apresuran el paso; otros hay que jamás miran en su dirección, como si negándole así existencia. El lago divide con frontera tajante pueblo e islas, y se vive una especie de tregua, sin duda alguna muy temporal. Las dos islas están comunicadas por un estrecho puente de piedra, bajo el cual las aguas golpean las rocas, golpeándose en ellas. Se habla de accidentes trágicos, por nadie presenciados. Allá arriba, en el caserón, los cortinones de tela opulenta vedan la luz al exterior, y el edificio queda en una negra masa vertical en la horizontal negrura de la noche.

Con un golpe de remos final, el bote acosta al muelle, rozándolo. El ocupante salta rápidamente y asegura la cuerda de proa a un anillo de metal, cuyo áspero contacto muerde la piel sensible, perdiéndose en un escalofrío. Bajo los zapatos, la húmeda madera del embarcadero se adhiere a las suelas, acaso empeñada en allí enraizar al visitante. Momentos después, la arenilla del ascendente caminillo cede al peso del hombre, como evitándolo. Un ave nocturna inicia un corto vuelo, que se pierde pronto entre el ramaje. Se escucha, no muy lejos, un gañido opaco y breve de animal alertado; otros se le unen. El hombre titubea un instante, y acaso por su mente pasen consejas oídas a la gente. Luego, sigue su marcha.

Al llegar al puente, lo cruza sin dilación. Allí empieza un camino de grava que, en ascensión menos pronunciada, conduce hasta la maciza puerta del caserón. Sirve de aldaba la cabeza verdinosa de algún ser mal inventado. Aquí, como en el muelle, la mano quiere eludir el contacto corrompido del metal y, mucho antes de que el tercer golpe se ahogue en las entrañas vacías de la casa, el hombre suelta el llamador.

Como si el eco de los golpes regresara en pisadas, un apenas rumor llegó a la puerta, que se abrió silenciosa. Un criado de rostro pétreo apareció un instante, para en seguida apartarse, dejando el paso franco al visitante, quien sin espera alguna entró en la casa. Afuera quedaron oscuridad y niebla; casi luz y silencio había en el interior. Un caballero hosco, la mano izquierda sobre un libro antiguo, miraba eternamente a la puerta desde un muro, los tonos de su imagen ya carcomidos de tiempo. Tomó el sirviente capa y sombrero y dejólos en una pieza lateral. Regresó al momento y condujo al huésped hasta la sala, donde el dueño de la casa lo aguardaba de pie, los agudos ojos clavados en el hogar, los brazos a la espalda, ligeramen-

79

te inclinado para mejor recibir el calor de los leños a medias consumidos.

Al oír los pasos que se acercaban, se volvió con calma en dirección de la puerta, el rostro inmóvil. No parecía gustar de la visita, pero, a la vez, su arraigado sentido de la cortesía lo obligaba a mostrarse neutro en sus expresiones. Suele ocurrir así con la gente solitaria. Tendió una mano delgada, vigorosa y morena. El saludo fue breve y sin duda un tanto frío. "Veo que, después de todo, se decidió a venir", dijo cuidando la voz. "Y le agradezco que me haya recibido", contestó el otro. El dueño quitó importancia a la frase con un gesto: "Somos ya tan pocos. Al menos, de los míos", e indicó un sillón. Sentóse el visitante: "Tampoco abundamos mucho." Hubo un silencio como de tristeza. "No, tal vez no." Entraba en ese momento el enhiesto criado con dos copas altas en una charolilla de plata. El licor ámbar, herido de refilón por el reflejo de las llamas moribundas, tomó un tinte más oscuro, como de sangre débil; su textura creó en la boca del visitante el fantasma de un sabor antiguo. "¿De lágrima?", preguntó, mirando al trasluz el líquido. "De lágrima." Dio un sorbo más el recién llegado: "Excelente. Pensé que ya no se daba por estas tierras." Sonreía con algún placer el dueño, viendo así alabado su vino: "Y no se da, como tantas cosas de mi juventud. Guardo con celo algunas botellas." El otro miró al huésped, midiéndole la intención: "Y ahora me lo ofrece. ¿He de creerlo un buen augurio?" Se encogió de hombros su acompañante: "Ha de creerlo un buen vino, si lo es, y nada más. ¿A quién voy a ofrecérselo? ¿A los de allá?" Y señalaba con un movimiento en dirección a las orillas lejanas del lago. "Es lo que siempre he dicho: no somos iguales, pero nos diferenciamos menos entre nosotros que con ellos." Tiró el dueño de un llamador de raso oscuro: "Pero nos diferenciamos." Apareció el sirviente, y "la cena" le fue ordenado. Fuese, tras inclinar ligeramente la cabeza. "Si le parece, pasemos al comedor."

Una mesa innecesariamente larga, de madera sólida y casi negra de tan café. Sillas altas. Dos servicios. Ante el involuntario gesto de sorpresa del visitante, el dueño se vio en el caso de aclarar: "Creo prudente que hoy no baje. Necesitamos estar solos, para darnos mayor libertad." De mal ánimo, el otro aceptó la decisión, aunque no sin pasarle por el rostro (o tal vez mejor, por los ojos) un chispazo de protesta. "Sentémonos. La cena será frugal, que lo sencillo me atrae cada vez más, según pasa el tiempo", adelantó el huésped. "No es la cena lo importante." Y en contestando, se ajustaba a la mesa sobria y maciza, de estilo imposible en las casas nuevas. "En efecto, no lo es." Y sacudió una campanilla. El grave y reposado sirviente vino casi en seguida, pulido el traje e impecable el corto y blanco cabello. Como entrada, un caldo ligero; en las copas, un tinto de más cuerpo, muy próximo al color de la sangre vieja. El dueño comía con lentitud extrema, sin levantar la vista del plato, acaso buscando impedir una plática que sabía irremediable. Ataviado de negro, según costumbre adquirida pocos años antes, parecía querer hundirse en ciertas memorias lejanísimas, los ojos opacos puestos en un punto impreciso de la mesa. Así, en silencio, terminaron la sopa y vino el segundo plato, una carne magra, acompañada de verduras, para el visitante; sólo verduras para el huésped, quien de pronto levantó la mirada (súbitamente viva) y la clavó en el rostro de su acompañante: "¿Qué opina usted de la muerte?" Tomado de sorpresa, el otro estuvo meditando su respuesta unos momentos: "¿La muerte? Jamás pienso en ella." Lo observaron con cierta burla, que no dejó de molestarle: "¿No cree que nos corresponde mucho prestarle atención?" Se encogió de hombros: "¿A nosotros? ¿Y por qué a nosotros en especial?" Les servían un fuerte coñac aromatizado. Del cuerpo abombado de la copa se levantaba el atrayente olor ambarino. "Porque somos los destinados a morir." El visitante, la copa entre las manos para inyectarle calor y, con ello, vida, contestó: "Tal vez. Pero, sin lucha, nadie me vence. Un poco, esa idea es la causa de mi visita."

Levantó el dueño de la casona su cuerpo austero y comenzó a pasearlo paralelamente a la mesa. Al hablar, más parecía hundido en un monólogo que trabado en una plática: "¿Sin lucha, dice? Es ya mucho mi cansancio. Paseo estos corredores, desciendo a unos sótanos húmedos y llenos de fantasmas, duermo en habitaciones oscuras y frías, escucho voces de seres desaparecidos y me llega el rechazo, cuando no el odio, de los otros. ¿Para qué sirvo? A nadie son útiles ya mis creencias, ni mi tipo de vida. Soy obsoleto. Un vestigio de romanticismo, sacudido a diario por todos esos nuevos ruidos metálicos que llegan de allí, de las orillas. No puedo vivir al sol, como ellos. No los entiendo ni me entienden. Habitamos tiempos distintos. No, no, no quiera convencerme de nada. Usted mismo está hundido en problemas." Aquí se detuvo un momento ante quien lo escuchaba: "...Aunque claro, poseer tanta tierra, ser dueño de cosechas enormes, decidir vida y milagros de peones y sirvientes y pueblos aledaños ha de... no sé... dar seguridad."

Tomó el visitante la licorera, dejada sobre la mesa por el antiquísimo criado, y se sirvió una segunda porción del coñac vivificante. Llevado de una costumbre adquirida cuando joven, puso el líquido al trasluz; luego, la copa nuevamente amparada en la cálida palma de la mano, dijo: "La da. Pero también crea odio, un odio definitivo, cuyas profundidades jamás comprendería usted. Perdóneme, pero usted es un mucho exótico para ellos; lo temen como se teme... un muerto viviente, un aparecido, no sé,

82

algo intangible y oscuro. A mí me temen a la luz del sol, desde su cercanía a la tierra que cultivan para mi provecho. Me temen y me odian en lo cotidiano. En usted piensan a veces, cuando en algún convivio hablan de los secretos de la noche o de lo inexplicable del pasado; yo soy la presencia constante del látigo. No, jamás comprenderá usted ese odio definitivo que me profesan."

"Aun así, lo mío es anterior, de otras dimensiones." Vino a la mesa el dueño de la casona y se acomodó frente al visitante. "Cuando llega, el odio hacia mí es de mayor violencia. Hay en nuestra historia crónicas de malos momentos, de turbas con antorchas avanzando en la noche, de huidas por páramos traicioneros, de estacas." Levantó el otro la vista con curiosidad no disimulada: "¿De estacas?" Miraba el interlocutor a un ayer de situaciones extremas en su dureza, y contestó desde la penumbra de sus ensoñaciones: "Estacas, sí. La ignorancia suele ser insolente en los remedios que aplica."

Volvieron a la sala. Los leños, abatidos en brasas, enrojecían el entorno. Sentados frente a frente, callaron, cada uno de ellos apartado momentáneamente en su mundo. "Me temo haber sido un mal anfitrión. Pero este tiempo me recuerda siempre lo viejo que soy. Además, mi esposa murió en una noche muy parecida a ésta, hace ya diecisiete años." El visitante dijo, mirando hacia el cielo raso: "Su edad." Un gesto de contrariedad vino al rostro del huésped: "En efecto, su edad." Y el tono indicaba lo improcedente de seguir por aquel camino. El reflejo de las brasas había puesto en la blanca pechera de su camisa un manchón rojizo, y en las manos ociosas un tinte asimismo sanguinolento. Parecía haber envejecido todavía más de súbito. El otro, apoyado en su cuerpo aún joven, no quiso escuchar la advertencia: "En ella acaba la línea." Un relajamiento de gozo pareció invadir el cuerpo del casi

83

anciano: "Afortunadamente, en ella acaba la línea." Unió el de menor edad los dedos de ambas manos por las yemas: "A menos que..." Se levantó el dueño con violencia inesperada: "No. Es una idea absurda, totalmente absurda. Ahora que estoy por concluir siglos de espera, viene usted y... No, es inadmisible por incongruente. Debí acabarlo todo cuando joven, rechazando aquella unión que... Aunque fui feliz por un tiempo, hasta su muerte." Se le suavizó el rostro: "¿No comprende lo imposible de su propuesta? Usted, práctico, de numeritos, de bodegas llenas de grano. ¿Qué sabrá mi hija de esas cosas? No, la propuesta es absurda, totalmente absurda. No pueden unirse mundos tan disímiles."

"Pero si..."

"No. Iríamos a la catástrofe o, peor aún, al ridículo. Es indispensable terminar siendo dueño de, por lo menos, un asomo de dignidad." Levantóse con decisión para tirar del llamador de raso. El sirviente, magia casi, apareció en seguida. "Tomás le indicará su cuarto." Levantóse, indeciso, el visitante. Observaba la recia presencia del otro con amargura y, viéndolo allí tan sereno, junto al hogar moribundo, un algo de envidia. Al sentir el titubeo, el dueño se volvió hacia él con un gesto interrogante, acompañado de inmediato por la pregunta: "¿Sí, señor Gutiérrez?" La voz, cortésmente fría, creaba obstáculo y oponía barreras. El señor Gutiérrez, movido por un deseo incipiente de victoria, de imponer sus perspectivas al cerrado universo del otro, pidió: "Piénselo un poco más, y permítame insistir mañana." Se encogió de hombros el huésped: "Será inútil." Con voz suave le replicaron: "Aun así..." Tomás aguardaba impasible, como si careciera de oídos o sólo para recibir órdenes los tuviera. "Sea", cedió el dueño. Y cuando su visitante se retiraba, agregó: "Señor Gutiérrez, por favor, no intente verla. He dado mis órdenes."

84

Una habitación del segundo piso, mediana y cómoda al gusto antiguo. Demasiado oscura, demasiado recargada de muebles excesivos en sus adornos, demasiado cubierta de alfombras, cortinas, palio sobre la cama y un gobelino de edad incierta y tema no menos incierto: ¿una joven huyendo por un paisaje brumoso? Lo terroso de la textura y las devastaciones del tiempo impedían toda precisión. El señor Gutiérrez extrañaba su habitación de muros blancos y cielo raso elevado, de gran ventanal a un campo siempre en alguna etapa de producir, con los árboles allá al fondo, en fila perfecta, centinelas contra la acción del viento y las aguas desbordadas. Casi no había noche sin el canto de un peón acompañado de guitarra, sus duros compañeros cerrando el círculo alrededor de un fuego cobijador. Así dormir, con esa música declarando tristezas, era un deleite. Aquí, sólo la noche. Sintiendo un golpe de asfixia, abrió la reacia ventana. La bruma pervivía como una delgada película por encima del lago y, allá lejos, varias luces señalaban el pueblo. Desde él venía un apagadísimo rumor de música: elemento incongruente en la atmósfera del cuarto, desasosegó al visitante, quien cerró la ventana y se metió en el lecho. Tuvo sueños inquietos. El gobelino se le había clavado en la mente, y no veía sino aquella figura brumosa (una mujer huyendo en la bruma) que había creído adivinar en la trama. La noche, poderosa, no daba lugar a la mañana, y hubo ésta de empeñarse en imponer su llegada.

Al amanecer, la niebla seguía cubriendo el lago, incluso más espesa, menos dispuesta a la nitidez. Desde su ventana, el señor Gutiérrez veía apenas, en la otra isla, el manchón gris del embarcadero y trozos del estrecho camino de arenilla, único nexo entre la casona y el a estas horas invisible pueblo. Ya vestido, pese a lo temprano de la hora, aguardaba ser llamado para el desayuno; y en aguardando decidía, hundido en el frío abrazo de un sillón de cuero,

85

cómo reiniciar su plática con el dueño de las islas. Sentía, en lo no aceptado de su pensamiento, el asomo de una derrota. A las nueve, unos golpecillos en la puerta y en seguida la presencia de Tomás, tras el ¿sí? del señor Gutiérrez. "Si el señor desea bajar, el desayuno está listo."

El comedor vacío; a la mesa, un servicio. "¿Y los demás?", preguntó. "El amo desayuna siempre muy temprano", contestó la voz urbana del sirviente. "Sí, pero ¿y...?" Cortó de pronto el interrogatorio: sentía que estaba dejando al descubierto puntos demasiado vulnerables. "He dado mis órdenes", había dicho. Sentándose con movimiento firme, permitió que Tomás iniciara uno de los ritos más inalterables de aquella casa. Cortés e impersonal, no descuidaba en lo absoluto el bienestar del visitante; incluso, llegó a sospechar éste, cierta cuota de exquisiteces hizo su aparición inesperada. Y ello, pensó, no deja de olerme a hipocresía: así que mucha sobriedad ¿eh? Sonreía con alguna burla, pero el impávido Tomás estaba educado para no enterarse de gestos que no le correspondía interpretar. Cuando, terminado el desayuno, el señor Gutiérrez le agradeció con bastante cordialidad las atenciones, se limitó el anciano sirviente a responder mediante una brevísima inclinación de cabeza. El visitante buscó la puerta. Al abrirla, se volvió hacia Tomás: "¿Dónde puedo encontrarlo?" Desde la mesa le respondieron: "En la otra isla, señor, dando de comer a los perros." Cerraba ya; la misma voz, acaso modificada por un mínimo de emoción, lo detuvo un instante: "Señor... buena suerte."

Queda frente al paisaje. Un viento gris y frío entristece los árboles y piedras. Muy abajo, el susurro del agua, como un llamado incesante. El cielo, plomizo, prólogo de lluvia próxima. Cercano, un ladrar de perros, más frío que el viento mismo; un ladrar oscuro, hecho de rabia gratuita. El puente, a lo gris del día, parece haber estrechado su

86

masa, cerrando los pretiles. Se oye un vuelo lejano, como de huida. ¿Muévese una sombra en una de las ventanas?

Más allá del puente el caminillo que desciende hacia el muelle liberador. A la derecha, una desviación invadida de arbustos, flanqueda de árboles verde oscuro. Trepa hasta el centro mismo de la isla menor. Camina con lentitud, apartando de vez en cuando una rama demasiado osada. Más lo guía el creciente barullo de los perros que la vista. Ese barullo que parece entorpecerle la prisa, quizás porque lo oyó de noche, ya dormido, y se le metió en los sueños, esos sueños en que seguramente alguien (¿él mismo, ella?) corría entre la bruma, a la vez apresado por la maraña del tejido.

Pronto llega a un claro donde la tierra es un manchón oscuro en la vegetación. Allí lo encuentra, ocupado en lanzar trozos de carne cruda a media docena de negros mastines. Tiene las manos sanguinolentas y un gesto de placer y orgullo en el rostro severo. Los perros (musculosos, brillantes de piel) disputan por el alimento. Tratan de cazarlo al vuelo, para devorarlo sin esperas; o, de tenerlo a los pies, gruñen amenazadores cuando algún vecino se acerca más de lo prudente; tiran tarascadas si el gruñido no basta. La jaula, sin techo, es pequeña. "Aguárdeme allí, señor Gutiérrez, que mis perros son muy nerviosos." Poco después viene, limpiándose las manos con un trapo. "Hermosos ¿verdad? Es de amar esa furia que muestran: allí está la vida verdadera. Y sólo a mis órdenes obedecen. Es como dominar la vida." El señor Gutiérrez observa con recelo la cerca de madera y alambre: "¿Por eso la jaula?" El otro, con un brillo de profunda malicia en los ojos, le contesta: "Pero no de noche. Nunca de noche." El visitante mira alrededor: "Pero ¿perros guardianes aquí?" El hosco amo lanza una mirada en dirección al pueblo: "El respeto a lo ajeno nunca ha sido un bien común. Por otro lado, odio tener que cambiar mis hábitos... o perder la compañía que me agrada." Se da un silencio tenso: "Temo haber comprendido eso." El trapo queda sobre un arbusto, tirado allí al descuido. Los perros parecen apaciguados. Uno de ellos bebe a grandes lengüetazos y otro comienza a echarse, tal vez ahíto. Los dos hombres inician el regreso a la casona. "Si es así —lo de haber entendido, quiero decir—, no habrá roces entre nosotros."

Han llegado al puente. "Temo haber comprendido, pero es imperativo que hable." Se detuvo el severo anciano, la joven vista clavada sin recato en el visitante. Se le endureció la boca: "Preferiría que no lo hiciera." El otro miraba la casona, como dispuesto a buscar apoyo en ella: "Se lo he prometido; me lo he prometido." Pareció cruzarse una frontera poco precisa, pero definitiva. "Si insiste", dijo el huésped, con los modales muy exigidos. "¿Le ha dicho algo?" En esta ocasión fueron los ojos del anciano los que buscaron las cerradas paredes y las pardas ventanas: "Poco. Me ama lo suficiente para no hablarme de asuntos que puedan disgustarme. Buena lección, ésa." No quiso aprenderla y contestó: "Sabrá usted entonces de los sentimientos que existen entre nosotros."

Cruzaban ya el puente, sin prisa, a desgano casi. La dureza se acentuó perceptiblemente en la voz del anciano: "¿Entre ustedes? No, amigo, de usted hacia ella. No, no, permítame continuar. Mi hija no lo quiere, puesto que yo no se lo he permitido. Y como me ama, me obedece."

—Se equivoca usted.

—¿Equivocarme? No, amigo, yo jamás me equivoco. Eso es algo que debe usted aprender: yo jamás me equivoco.

Habían llegado a la casa. "Puede usted quedarse a comer, si así lo desea." No quiso. La inflexibilidad del aire, lo oscuro de las paredes, lo triste de las ventanas pesaban demasiado. Tomás abría la puerta. "Nuestro invitado se retira. Ayúdalo en todo lo necesario." Luego, tendió una mano fuerte y fría: "Disculpará el que me despida, pero ciertos deberes me aguardan. Ah, sí, incluso nosotros, los olvidados por el tiempo, tenemos ciertos deberes."

Caminaban hacia el muelle, Tomás delante con la maletilla del visitante. Por las islas, por el lago, el silencio era casi absoluto. Un resquicio de esperanza tuvo el señor Gutiérrez hasta el momento mismo de abandonar la casa. En vano. Ni el más leve susurro, sombra o paso reveló intención ninguna de mensaje. Caminaba amargado, los talones de Tomás dándole el ritmo de alejamiento. El muelle. Se detuvo el antiquísimo sirviente, puso la maletilla en el bote y se irguió, los años aplastándole de pronto la espalda. Los ojos se suavizaron en una mirada de complicidad: "Si me permite el señor, es una lástima"; tras una pausa: "La pobre señorita."

Trepó el otro a la barca; desatóla el sirviente; un golpe de pie la puso a unos metros de la orilla. Remaba el hombre sin ánimo, alejándose con lentitud expresa. Tomás observaba desde la orilla, el rostro vuelto una vez más hacia el interior. Y desde la casona vino el grito, lleno de angustia: "¡Elena!" El hombre detuvo su bogar, sobresaltado. Un segundo grito bajó rebotando por los árboles y las piedras, con una ira incipiente mezclada a la angustia, a la amargura: "¡Elena, no!" El hombre se puso de pie en el bote, expectante, la vista buscando razones en la espesura. El flaco cuerpo de Tomás se había tensado, también a la espera de una explicación. "¡Elena!" El tercer grito vino de la isla menor, donde la jaula. Nada de angustia quedaba en él, y sí una furia plena, desbordada, intransigente. Aullaron los perros. Luego, sus duros ladridos se acercaron, crecieron, se desprendían insólitos de la espesura. Tomás comenzaba a correr tierra adentro; a los remos se lanzó el visitante y entonces, casi al unísono, los ladridos se apagaron en sordas resonancias y un doloroso, largo, desesperanzado grito de mujer bajó hasta el agua. El bote, mal dirigido por la angustia del hombre, se hirió contra el muelle. Una amarga masa de niebla devoraba límites, volviendo impredecible el mundo. Manos lo tomaron de las axilas. Lo levantaban, lo tendían sobre un pasto dulce y voces, voces lejanas, voces entre divertidas y preocupadas, voces diciendo "No vio la rama... En la mera frente... Estos jovencitos... Seguro se vino de pinta... ¿Y la lancha?... Mírela allí, volcada..."

¿ESTÁS AHÍ, MARCIAL?

> To my mind, she is my kind of girl.
>
> BRICUSSE

MI AMIGO Pedro tiene una casa, en la casa un jardín y en el jardín una estatua. De mujer. La casa es parte de un fraccionamiento para ingresos medios. La ¿pensaron? funcional, según suele decirse. Dos pisos, con los dormitorios arriba y los ámbitos públicos abajo. La cocina, integral. La cochera (y el autito) al frente; el jardín atrás, como recatado en su propia pequeñez. A lo largo de quince años irá siendo cada vez más suya. Pedro vive feliz en ella. Su esposa (según deduzco) también.

Los sábados Pedro cuida del jardín. Sembró en él un pasto tan cerrado, que es un placer pisarlo descalzo. En los muros crecen trepadoras, cuyo verde come ya mucho del rojo opaco de los ladrillos. Hay arbustos cargados de flores. ¿Has visto ese primor de rosal? Semilla inglesa, amigo mío, semilla inglesa. Ese rosal, me confieso, bien vale el entusiasmo de mi amigo. Y yo, tres macetas raquíticas junto a la ventana del comedor. Un limonero inicia su adolescencia y pronto dará fruto, de una acidez sabrosa que Pedro ve ya regada por encima de sus ensaladas. En el rincón último, a la derecha, una fuentecilla de piedra.

La describo: un abanico extendido, cuya punta se empotra en la confluencia misma de los dos muros que allí se unen, quedando el arco externo de la pila tendido de un muro al otro. En el ángulo de confluencia hay una peana, también de piedra. En ella, una estatua. De mujer.

91

Es incongruente. No funciona. Molesta. Lo dije desde la primera ocasión. La mujer brota de la piedra como un ser ajeno, impuesto indebidamente a un ámbito que jamás la ha aceptado. Los alrededores lastiman su figura. ¿Qué pensará, viendo la paciencia infinita otorgada al pasto concienzudo? Ella, tan silenciosa. La simetría plana de muros y ventanas debe agredirla, ella tan sinuosa. Hasta los muebles lanzan desde el interior su modernidad absoluta y parecen ofender la calma antiquísima de aquella dama. Ella, con su gesto hierático; ella, con su asomo de gavota en los ademanes. Hay, amigo Pedro, cuántos errores. Hay una vibración de lucha, invisible pero constante, entre el aire venido de la casa y el emanado por aquel rincón de sombras. De sombras, sí. Porque el capricho de Pedro puso dos árboles junto a la fuente. Uno a cada flanco. Manzano e higuera, cuyos frutos ineludiblemente probaremos. Crecidos ya, cubren con sus ramas los alrededores. Hasta parecen cruzarlas por encima de la fuente, en un afán de protección indefinible. Al frescor de las frondas se une el murmullo del agua. Porque la fuente fluye. Sólo Pedro sabe qué mecanismo secreto (e ingenioso y tal vez incluso inquietante) permite el paso constante de la misma agua por los mismos sitios. Agua y estatua sí armonizan. La peana termina justo donde el vestido amplio inicia su comba ascendente y cada vez más apretada. La prenda acaba ciñéndose amorosamente a la cintura de aquella dama. Se tiene la impresión de que la mujer está naciendo del agua. Y luego, los senos pequeños y apetecibles, donde el corpiño parece un juego sutil de revelaciones que nunca lo son del todo. La boca, breve, ¿sonríe? Me lo pregunto siempre.

A mis espaldas, pasos leves. Maricel.

—¿Aquí todavía?

Asiento con una inclinación de cabeza mínima. Es domingo, ya de tarde. Celebramos cualquier nimiedad: sus diez años de casados, la ausencia de hijos, el informe presidencial. ¡Qué importa! Hemos comido bien, pues Maricel cocina como los ángeles. Hemos bebido buen café, que Pedro sabe prepararlo. He salido al jardín, atraído por un vientecillo de voz dulce, cuyo paso entre las ramas hace temblar las sombras caídas sobre la estatua, dándole esto vida al rostro de piedra.

—Es bellísima.

Tal vez haya en mi voz un ansia subterránea. Siento en mí la mirada de Maricel. Me vuelvo: hay en sus ojos pardos una burla amistosa.

—En verdad te gusta, ¿verdad?

—Es bellísima.

—Pero de piedra.

—Sí, de piedra —concedo, un algo de melancolía en el tono—. Casi podría enamorarme de ella.

—¿De una piedra?

—De una piedra, sí.

Otro impulso de viento mueve las ramas del manzano, de la higuera. En aquel rostro aparece, engaño de las sombras, una sonrisa agradecida.

—¿No te parece peligroso?

—¿El qué? —pregunta Pedro acercándose.

—El enamorarse de una piedra.

—Pero por favor, ¿quién va a enamorarse de una piedra?

—Este hombre —y Maricel me señala con índice acusador, la burla amistosa acentuada en los pardos ojos. Pedro no es curioso, excepto para sus propias aficiones. Calla, pues, sin adentrarse en la conversación. Molesto, le digo que una estatua puede ser muy peligrosa. Se encoge de hombros, incrédulo.

—Quizás debieras leer a Merimée.

—¿Habiendo periódicos? ¡Vaya cosa! —y sonríe oyendo

93

mi (para él) disparate—. Mírala allí tranquila: ¿qué peligro puede representar?

La miró justo cuando las sombras vuelven a moverse. Hay un temblor en los labios breves, carnosos. El temblor me inquieta, quizás sin causa alguna. Los otros no se dieron cuenta de él, o lo han ignorado, creyéndolo un juego de las luces. Pudieran tener razón, desde luego, mas prefiero mis deducciones, mi tejido de hipótesis, mi estado de ánimo.

—Quizás ninguno, después de todo.

—Seguramente ninguno. Vamos, Marcial, un poco más de café; pienso que lo necesitas. A este paso, terminarás robándomela.

—No si me la regalas.

—¿Estás loco? ¿Y mi fuente?

—Al fin y al cabo, no hace juego con ella. Te lo he dicho siempre. ¡Tienes que regalármela!

—Sí, claro, como centro de mesa. Porque lo que es en tu departamento...

—A este hombre no podemos darle vino con las comidas —comenta Maricel, los ojos mirándome con un asomo de perplejidad, la mano derecha protectoramente sobre mi brazo, diciéndome algo con su presión. Lo interpreto como una advertencia, y entonces comprendo que Pedro se ha molestado a causa de mi empecinamiento.

—Vuelves a tener razón, Pedro. Regresemos a ese café.

Caminamos hacia la sala, yo entre ellos. La brisa pone un llamado en las ramas entrelazadas. Quiero volverme, seguro de hallar en la sombra algún gesto cómplice. Pero ahogo el impulso y pregunto:

—¿Dónde la compraste?

—Oh, una casualidad. Derribaban una casona cerca del Circuito Interior. Al pasar con el auto vi la fuente, allí arrinconada con otro material de desecho, entre el que

94

estaba la estatua. Me las vendieron relativamente baratas. Y, pese a tus ideas, quedaron muy bien. Le dan a mi jardín aires de señorío.

Estamos ya a la entrada.

—¡Es bellísima! —digo, repitiéndome sin recato. Siento un llamado más, traído por la brisa. Ahora sí, aprovechando el paso al interior de la casa, me vuelvo hacia las sombras. Imposible casi distinguir el rostro, erguido sobre el cuello delgado; imposible casi distinguir aquellos pechos adolescentes de mujer madura. Imposible afirmar si fue sonrisa la sonrisa adivinada.

—Marcial —me llaman desde la sala funcional, de líneas anémicas y colores combinados a gusto de una revista. Es la voz cotidiana de Maricel, la de los ojos pardos y el esposo cumplido. Entro. Hasta la noche hablamos, los tres, de tonterías. Tonterías sabrosas. Afuera, en el jardín, presiento una tibieza balsámica y el empeñoso mensaje de la brisa. El ramaje suena como un llamado insistente.

—Pero Marcial... —escucho que me dicen, y vuelvo, amigo fiel, al diálogo persistentemente inane.

Estoy entre sequedades, polvo y estrépito. Un sol despiadadamente citadino lo golpea todo; mazos y picos caen sobre los muros grises con ritmo ensordecedor. El rostro moreno, de bigote ralo, vigila atento su reino de cascajo y caídas violentas. El manchón naranja del casco pone la incongruencia de su diseño en aquel cuadro de sudores y esfuerzos. Apenas lo escucho cuando responde:

—Uh, no, señor, eso ya no se usa.

Otro fracaso aquella semana. Esa frase ("uh, no, señor, eso ya no se usa") viene a resumir las diez o doce explicaciones recibidas de diez o doce rostros morenos, atareados e impacientes. El hombre se aleja, sin más, gritando:

—¡Cuidado como golpeas el muro! ¿Qué no ves que hay gente abajo? ¡Ah, que...!

95

Estoy solo en mi habitación, a la ventana. Es de noche. En el escritorio aguarda la tarea, un extra para el bolsillo. Columnas, columnas y columnas de cifras que deberán coincidir como coinciden (se dice) dos más dos. O uno más uno, creadores de la pareja. En el escritorio, la tarea aguarda. Es de noche. Estoy a la ventana, atraído por una brisa llena de murmullos lejanos. Desde la entrada Simona grita: "Ya terminé, señor. Hasta mañana." Gruño. La distancia vuelve el gruñido despedida y Simona cierra la puerta, satisfecha. Suspiro, tal vez con alivio, acaso con nostalgia. Hay un guiño de neones allá, a lo lejos. Oigo el silbido agudo de la locomotora donde plátanos y camotes adquieren el rubio barniz de su sabrosura. A mis espaldas, la enorme soledad de mi pequeño departamento.

—¡Pero mire cómo se puso el traje de lodo! ¿Pues dónde andaba metido?

Un coche, al pasar. Mañana llévalo a la tintorería.

—Pues sí, sumamente raro —decía Pedro, revolviendo con la cucharilla su americano. Como tantos y tantos domingos, había comido con ellos. Estábamos de sobremesa. "Cuánta paciencia tienen con este lobo solitario", les dije cuando la ensalada. Maricel me regañó por el comentario; Pedro, un poco después, hizo lo mismo. Algo le preocupaba y pronto supe qué: el pasto de su jardín, su querido pasto. Ahora decía:

—Pues sí, sumamente raro. Al principio sospeché de ti.

—¿De mí? ¿Qué tengo yo que ver con todo eso?

—Pero si ya se lo dije yo misma.

—¿No estabas enamorado?

—Hombre, cuando se bebe tanto vino como aquel día.

—Sí, eso sí. En verdad que estabas... (un gesto explícito con la mano)... ¿eh?

—Me sucede en ocasiones.

—¿Y cuándo te casarás?

—Ah, Maricel, ¿cuándo, en verdad, me casaré? Imagínate, a mis años, con mis haberes, ¿quién se arriesgaría? Tantos hábitos se me han hecho piedra. Necesitaría una mujer muy especial.

—Pienso —dijo Pedro— que el mundo está lleno de mujeres especiales. Todo consiste en saberlas encontrar. A veces las tenemos enfrente y no las vemos.

—A veces ocurre eso, sí.

—Otras, debes conformarte con menos.

—Ahí ya no estoy de acuerdo.

—Entonces no vives en la realidad.

—¿La realidad? —comentó Maricel, robándome la idea—. ¿Qué es la realidad?

—Bueno, yo que sé... Un jardín lleno de pasto oloroso y verde. Cuando no te lo han echado a perder.

—Pero Pedro, ¿no es la realidad también ese pasto echado a perder?

—Bueno, si lo es, no debiera serlo.

—¡Vaya, qué lógica la de mi señor marido! Ahora resulta que es realidad lo que a mí me conviene. ¡Muy cómodo!

—Pedro tiene razón en el sentido de que podemos vivir en mundos distintos, todos válidos.

—Bien, y entonces ¿en cuántos vives tú?

—¿Yo, Maricel? —miro hacia el jardín a través de la ventana—. Carezco de perspicacia para cruzar fronteras. Todo lo consigo con mucha fatiga, incluyendo los pocos sueños que transformo en... ¿lo llamaremos realidad?

—¿Por qué no? Pedro nos dio ya la licencia necesaria.

Levanto la taza de café a modo de copa:

—A la salud de san Pedro, el milagroso, señor de realidades.

Estamos en el jardín, a pedido de Pedro, quien insiste en sus quejas. Sigo con la vista la dirección de su gesto: desde la fuentecilla y en dirección a uno de los muros, por un largo trecho, el pasto (tan cerrado que es un placer pisarlo descalzo) muestra el maltrato de algún objeto pesado.

—¿Y qué supones?

—Intentos de robo. No sé cómo ni porqué. Pero mira cómo me están echando a perder el pasto.

—Es como un caminito.

—Justo. Creo que toman la dichosa estatua de la fuente y luego, hallándola pesada, la arrastran. Bien podrían cargarla ¿no? Tan grande no es.

—¿Y nunca pasan de allí?

—¡Qué va! La primera vez la encontramos al pie de la fuente. La regresamos a su lugar. La segunda, unos pasos más allá. Luego, a la mitad del jardín. Es obvio que quieren llegar a esa pared.

—¿Para qué?

—Aún no construyen del otro lado. Es fácil llevársela por ahí.

—Curioso que no los oigas.

—Y he querido vigilar. Pero eso de no dormir no va conmigo.

—Paga un guardián.

—Uh, pero si ya lo hice. Cuatro noches y nada ocurrió. Todo en calma. Y ni modo que tenga vigilante a perpetuidad. No alcanzaría el salario.

—Debiste regalármela. Te habrías ahorrado muchos disgustos.

Un estremecimiento de brisa pasó entre los árboles, moviendo las sombras cobijadas en el rostro de piedra, dándole un temblorcillo de carne. Como si se estuviera iniciando una sonrisa. Hay palabras mágicas en las reacciones que crean. Debiéramos saber hablar con propiedad.

—¿Regalártela? Quizás entonces, pero ya no. Ahora es una cuestión de orgullo. Ahora se queda aquí porque se queda. Yo me encargo de eso. Además, en ese raquítico departamentito que tienes ¿dónde? Simplemente dime eso: ¿dónde?

—Cuando hay voluntad...

—¡Qué voluntad ni qué niño muerto! Si no hay espacio no hay espacio, por mucha voluntad que le eches.

—Tan grande no es —apuntó Maricel—. Algún rinconcito podría hallarle.

—Claro. Mira, ahí está mi estudio. Al lado de la ventana se verá deliciosa.

—Se verá tan incongruente como dices que se ve aquí.

—No.

—¿Cómo no?

—No. Ella quiere irse allí. Por tanto, se verá deliciosa y hermosísima. Haré que las sombras jueguen con ella, como ocurre aquí.

—Y la harás tu ama de llaves. Eso sí, te saldrá más barata que Simona. Te veo muy encaprichado, y si no fuera por mi propio empeño de vencer a quien sea que la está moviendo, te la regalaba. En serio.

—Tal vez cuando lo venzas, si lo vences.

—Tal vez.

Desde donde estaba lancé un beso a la mujer de piedra. Los otros, sin duda acostumbrados ya a lo que llamaban mi manía, no se asombraron. Finalmente, el asombro viene de la incapacidad de comprender.

Desperté hacia las ocho. Tarde, para mis hábitos. El cansancio de la noche anterior era la causa. Un cansancio benéfico, de cuerpo satisfecho. Sonreí lleno de memorias, mientras me estiraba golosamente entre las sábanas. Hoy, el desayuno acostumbrado me sabría distinto. El jugo, los huevos pasados por agua (dos minutos), el café, un par de tostadas. Maravillosa manera de estrenar vida. Además, era domingo. Tantas horas disponibles por delante, muerto ya el problema de qué hacer. ¿Futbol en la tele? ¿El manoseado Chapultepec? ¿Alguna matiné con películas viejas? ¿Vagar por ahí, en busca de improbables sorpresas? Ya no el desesperado enojo de tener que aceptar una consolación de ese tipo. Resuelto estaba todo gracias a la voluntad. ¿Invitarme donde Lupe, mi hermana? No, gracias.

Estoy en la cocina diminuta, posponiendo la visita al estudio. Me esmero en apreciar los sabores cotidianos, hoy dueños de encantos especiales. La bienaventuranza sigue dueña de mi cuerpo. El café hirviente sacude mi somnolencia. El tiempo (días y días y días de futuro) es hoy amigo. Finalmente amigo. Y justo entonces el teléfono.

Sé quien es; sé lo que va a decirme; sé lo que no voy a decirle. Entro al estudio, cuidadosamente dejado en penumbra. Dos timbrazos, un tercero, Descuelgo la bocina:

—¿Sí?

—¿Marcial?

—Sí.

—Pedro.

—¿Sí?

—Ocurrió.

—¿El qué?

—La estatua, hombre, la estatua.

La persiana traza líneas paralelas, de luz y sombra, por la habitación. Las líneas tiemblan ligeramente, como si una brisa suavísima moviera la persiana, creando extrañas posibilidades. Sonrío, respondiendo. Lejos, muy lejos, sumamente lejos, escucho —¿qué importancia tiene ya?— mi nombre:

—¿Marcial? ¿Estás ahí, Marcial?

ÍNDICE

Este libro se terminó de imprimir el día
23 de agosto de 1985 en los talleres de
Offset Marvi, Leiria núm. 72, 09440
México, D.F. Se tiraron 5 000 ejemplares